떨지마라
떨리게
하라

프레젠테이션의 대가 길영로 소장이 전하는 실전 테크닉

떨지마라 **떨리게 하라**

| 길영로 지음 |

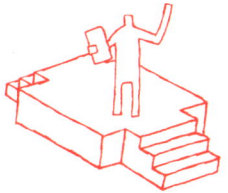

Pegasus
페가수스

두 팔을 '짤라' 버리고 싶었다.

도대체 두 팔을 어디에 두어야 할지 알 수 없었다. 두 팔을 잘랐다가 프레젠테이션이 끝난 뒤에 다시 붙이고 싶었다. 심장은 또 왜 그렇게 떨리는지. 내가 듣기에도 내 목소리가 너무 떨렸다.

분명히 일주일 전부터 준비했다. 프레젠테이션 자료를 전부 인쇄해서 전달해야 할 내용을 적어 두고 몽땅 암기했다. 25년 전이었고 신입사원 시절이었다. 머리가 팍팍 돌아가고 암기력도 무척 좋은 때였다. 내가 전달할 내용을 일주일 동안 하나도 빠짐없이 외우고 연습했다. 태어나서 처음으로 남들 앞에서 프레젠테이션을 하는 자리였다. 그러나 상사들 앞에서는 순간, 아무것도 생각나지 않았다. 무슨 이야기를 하고 있는 건지, 나스스로도 알 수 없었다. 머릿속이 하얗게 변해버렸고 입도 타 들어갔다.

"자네 왜 그렇게 떠나?"

상사가 한 마디 했다. 그 다음부터는 떠는 정도가 아니라 온몸이 흔들렸다. 나 자신이 남들 앞에서 그렇게 무기력하다는 것을 처음으로 느끼는 순간이었다.

첫 번째 프레젠테이션을 망쳤다. 망친 정도가 아니라 개망신을 당했다. 끝난 뒤에는 너무 창피해서 쥐구멍에라도 들어가고 싶었다. 주위에 앉은 모든 사람들이 나를 비웃는 것 같았다. 그날 저녁, 상사들이 상심에 빠져 있던 나를 회사 근처 식당으로 불러냈다.

"미스터 길, 회사에서 일을 잘 한다는 게 뭐라고 생각해?"

나는 아무 대답도 하지 못했다. 그때 생각지도 못한 답이 돌아왔다.

"말하기와 쓰기를 잘 해야 돼. 그리고 실행력을 갖추면 되지."

그제야 비로소 깨달았다. 회사에서 일을 잘 하려면 기획해서 보고서나 기획서도 잘 써야 하지만, 말도 잘 해야 한다는 것을……

이 책은 그때의 경험으로부터 시작되었다. 어떻게 하면 청중 앞에서 떨지 않고 프레젠테이션을 잘 할 수 있을까?

기획의 3요소는 '플래닝planning' '메이킹making' '프레젠테이션presentation' 이다. '플래닝'은 말 그대로 어떤 사안에 대해 기획하는 것이다. 기획을 마친 후에는 기획서 작성에 들어간다. 기획한 것을 완성한다는 의미에서 '메이킹'이라고 한다. 기획서를 완성하고 나면 마지막으로 '프레젠테이션'을 한다. 상사나 클라이언트에게 제안하고 설득하는 일이다. 내가 지난 2012년에 쓴 《기획이란 무엇인가》는 기획의 3요소 중 '플래닝'에 관한 책이다. 이 책은 '프레젠테이션' 을 다룬다. 프레젠테이션이 무엇이고, 프레젠테이션의 성공을 위해 어떤 준비과정과 기법을 활용해야 하는지를 밝히는 것이 이 책의 목적이다.

이 책은 3부로 구성되어 있다. 1부에서는 '프레젠테이션이란 무엇인가' 에 대한 대답, 즉 프레젠테이션의 기본 개념과 원리에 대해 정리하였다. 특히 학술적인 측면보다 비즈니스 세계에서 사용하는 프레젠테이션의 정의를 생각해 보았다. 비즈니스 프레젠테이션 연구의 원조 격인 안토니 제이Antony Jay는 자신의 저서 《효과적인 프레젠테이션Effective Presentation》에서 프레젠테이션을 한 마디로 '설득 행동' 이라고 정의하였다. 이 책 《떨지 마라 떨리게 하라》에서는 제이의 정의에 따라 프레젠테이션을 '설득의 원리' 로 풀었다.

어떻게 하면 프레젠테이션을 잘 해서 상대방을 설득할 수 있을까? 그건 바로 '논리력' '정서를 터치하는 능력' '상대방의 판단기준' 세 가지에 의해 좌우된다. 이에 대한 내용은 1부에서 상세하게 설명한다. 또한 프레젠테이션을 할 때, 그 성과에 어떠한 요소들이 영향을 미치는지도 밝힌다. 그 요소들을 알고 있으면 사전에 프레젠테이션을 효과적으로 준비할 수 있기 때문이다.

2부는 어떻게 하면 프레젠테이션 현장에서 떨지 않고 잘 할 수 있는지,

구체적인 기법과 방법론을 다룬다. 프레젠테이션에 참여해 보면 다음과 같은 광경을 자주 목격한다.

- 프레젠테이션을 시작하자마자 한 페이지도 못 넘기고 상사의 질문을 받고 깨진다.
- 청중이 발표자의 이야기를 듣지 않고 핸드아웃 자료만 들여다본다.
- 발표자가 앞부분을 이야기하고 있는데, 청중은 이미 핸드아웃 자료의 뒷부분을 훑어보고 있다.
- 청중이 발표자의 말에 귀 기울이지 않고 주의가 산만하다.
- 청중이 졸거나 하품을 하고 있다.
- 발표자가 발표하는 내용을 청중이 도통 이해하지 못한다.
- 도대체 발표자가 어느 부분을 이야기하는지 알 수 없다.
- 발표자의 말이 점점 빨라지고 목소리의 톤이 높아진다.
- 프레젠테이션이 너무 단조롭고 재미없다.
- 프레젠테이션을 잘 하던 발표자가 청중의 질문을 받고 나서부터 쩔쩔매며 헤맨다.
- 발표자와 청중이 서로 싸우고 있다.
- 발표자의 모습에서 자신감을 찾아 볼 수 없다.

- 발표자가 청중과 아이 컨택을 하지 않고, 천장이나 벽만 쳐다보며 이야기한다.
- 발표자가 발표하는 동안 청중이 비판만 하려 든다.
- 발표자가 프레젠테이션 도중에 갑자기 할 말을 잃어버린다.

왜 이런 현상이 생길까? 어떻게 해야 이런 현상을 없앨 수 있을까? 결론부터 말하면 일방적인 프레젠테이션을 하기 때문이다. 나 역시 한 때는 프레젠테이션이 일방향 커뮤니케이션One-way Communication인 줄 알았다. 왜냐하면 발표자 혼자서 청중을 향해 말하기 때문이다. 그러나 연구를 거듭할수록 프레젠테이션은 쌍방향 커뮤니케이션Two-way Communication이라는 생각을 떨칠 수 없다. 아니 이제는 확고하다. 자신이 준비한대로 일방적으로 진행하면 절대 프레젠테이션을 잘 할 수 없다. 발표자 혼자 이야기하더라도 청중을 프레젠테이션에 참여시키며 함께 가야 한다. 청중을 생각하고 참여하게 만들면 누구든지 프레젠테이션을 잘 할 수 있다. 자, 어떻게 하면 혼자 이야기하면서 청중과 함께 갈 수 있을까? 2부에 그 해답이 있다.

3부는 프레젠테이션 준비과정을 다룬다. 대부분의 사람들은 프레젠테이션을 준비하면서 '내가 무엇을 전달해야 하는가?' 를 생각한다. 그러나 그건 아마추어의 생각일 뿐이다. 프로의 머릿속에는 아예 그런 개념이 없다. 프로는 항상 '누가 무엇을 듣고 싶어 하는가?' 를 생각한다. 프레젠테이션 준비는 '누가 무엇을 듣고 싶어 하는가?' 로부터 시작한다.

프레젠테이션을 준비할 때는 가장 먼저 목적을 명확히 해야 한다. '무엇을 위해 이 프레젠테이션을 하는가?' 를 명확히 해야 한다는 뜻이다. 미국에서 열린 한식 세계화 행사에 초대된 우리나라의 여성 아이돌 가수에게 사회자가 무슨 요리를 좋아하느냐고 묻자, 그 가수는 "딸기요."라고 답했다. 어이가 없어서 웃음만 나왔다. 한식 세계화 행사의 목적을 전혀 생각하지 않고 내뱉은 답변이다.

두 번째로는 제약조건을 확인하고 프레젠테이션 전략을 구상해야 한다. 프레젠테이션의 제약조건은 시간, 장소, 도구 그리고 청중이다. 말하는 사람은 충분한 시간을 두고 설명하고 싶은데, 상대방은 10분 안에 끝내라고 한다. 정말 짜증난다.

제약조건 중에서도 특히 청중이 중요하다. 발표자 입장에서 청중은 적이다. 지피지기면 백전불패라고 했다. 더 이상 말이 필요 없다. 단, 아주 중요한 프레젠테이션이라면 청중을 분석하는 것이 아니라, 청중 개개인을 분석해야 한다.

세 번째는 내용구성이다. 제안할 때의 기본 로직은 2W1H, 즉 Why, Which, How이다. Why는 고객에게 무엇이 왜 필요한지 문제를 제기하는 일이고, Which는 고객이 그 문제를 해결하기 위해 어떤 솔루션을 선택해야 하는지 해결책을 제시하는 일이다. How는 그 해결책을 어떻게 실현해 나갈 것인지를 고객과 함께 공유하는 단계다.

네 번째는 자료의 시각화다. 자료를 시각화할 때는 사람들의 습관을 이용하는 것이 중요하다. 사람들은 글을 보면 무조건 읽기 시작한다. 프레젠테이션 자료에 글이 많으면, 청중은 발표자의 이야기를 듣지 않고 글부터 읽어 내려간다. 그러면 청중에게 자신의 의도를 제대로 전달할 수 없다. 전 세계에서 자료의 시각화에 대해 가장 먼저 눈을 뜬 맥킨지Mckinsey 사의 시각화 방법론도 여기서 함께 소개한다.

프레젠테이션의 마지막 단계는 리허설이다. 18년 동안 프레젠테이션을 가르치고 코칭하면서 느낀 게 있다. 대부분의 사람들이 리허설 때 뭘 해야 하는지 잘 모른다는 것이다. 프레젠테이션의 성패를 좌우할 수 있는 리허설 요령에 대해 3부의 후반부에 설명하겠다.

일전에 미국에서 열린 프레젠테이션 세미나에 참석한 적이 있다. 그때 인상 깊게 들었던 말이 있다. 프레젠테이션은 '스트리트 스마트Street Smarts' 라는 말이다. '스트리트 스마트' 는 거리에서 직접 몸으로 부딪치며 배우는 지식을 뜻한다. 즉, 자신의 체험을 통해서만 얻을 수 있는 지식이다. 프레젠테이션은 실전 경험을 통해서만 그 능력을 높일 수 있다. 만일

이 책만 보고 프레젠테이션을 잘 할 수 있다고 한다면, 그건 거짓말일 것이다. 이 책은 만병통치약이 아니다. 단지 안내서일 뿐이다. 다만 이 책을 통해 독자들이 프레젠테이션에 대한 두려움에서 벗어나 재미를 느끼고, 좋아했으면 하는 바람이다.

좋아하는 일은 찾아내는 게 아니다. 자신이 키우고 만들어가야 한다. 어딘가에 떨어져 있는 물건을 찾는 것과는 전혀 다르다. 본래 재미는 '이해'에서 나온다. 어떤 것을 이해하기도 전에 재미를 느낀다는 말은 난센스다. 피겨 스케이팅을 시작하고 나서야 비로소 그 재미를 알게 되는 것이지, 재미있어서 피겨 스케이팅을 시작하는 것은 아니다. '피겨 퀸' 김연아 선수가 어릴 적부터 피겨 스케이팅이 재미있어서 시작했겠는가? 오히려 두렵고 무서운 마음으로 빙판에 섰을 것이다. 온 몸에 멍이 들 정도로 수없이 빙판에 넘어지고, 그러면서 어떻게 하면 스케이팅을 잘 할 수 있는지 알게 되고 재미가 붙는 것이다. 피겨 스케이팅을 하겠다는 '결심'이 먼저지, '재미'가 먼저는 아니다.

능력도 마찬가지다. "헤엄을 칠 수 있을 때까지 물속에 들어가지 않겠다."라고 말하는 사람은 영원히 수영을 배울 수 없다. 헤엄을 치는 능력은 수영을 배우는 과정에 생기는 것이다.

'야신' 김성근 감독이 이런 말을 한 적이 있다.

"연습에서 안 되는 것은 기술적인 문제이고, 실전에서 안 되는 것은 정신적인 문제다."

나는 이 말에 100% 동의한다. 독자들이여, 프레젠테이션을 두려워하지 말라. 이 책으로 프레젠테이션을 이해하고, 실전을 거치며 성공 경험을 쌓아라. 용기는 사전 준비에서 나오고, 자신감은 성공 경험에서 나온다. 나도 두 팔을 '짤라' 버리고 싶은 시절이 있었다.

1

실전 프레젠테이션이란
무엇인가

상대방이 무엇을
원하는지부터 파악하라

"왜 아카츄에요? 아카펠라랑 피카츄에요?"

〈K팝스타 시즌2〉에 참가한 한 팀에게 보아가 던진 질문이다. 어느 팀인지 다들 짐작이 갈 것이다. 몽골에서 온 친남매 듀엣 악동뮤지션과 열한 살의 음악 신동 방예담. 그들이 캐스팅 오디션을 앞두고 결성한 팀 '악하추'다.

"아니요. 악동 하나 추가요!"

양현석, 박진영, 보아 세 심사위원은 대답을 듣자마자 자지러졌다. 그런 다음 보아의 말이 이어졌다.

"역시 센스가, 기대를 저버리지 않네요."

실력도 실력이지만, 이들은 노래를 시작하기도 전에 '악하추'라는 팀명으로 심사위원들의 마음을 사로잡았다. 곧 이어 잭슨파이브의 'I want you back'을 새롭게 해석한 악하추의 노래가 심사위원들의 마음을 또 한 번 사로잡았다. 곧바로 심사평이 뒤를 이었다.

"수현 양이 랩을 할 때는 괜찮았지만, 노래할 때는 박자가 좀 둔한 느낌이었어요. 그러나 상큼함과 천재성을 가진 무서운 친구들이네요."

한편, 오디션에 참가하기 전부터 이미 1,660만 건의 유튜브 동영상 조회 수를 기록한 제니 석. 그녀는 아쉽게도 1회전에서 탈락하고 말았다. 제니는 싸이의 '강남스타일'과 어셔의 'Oh, My god'을 독특하게 편곡한 뒤에, 매력적인 고음과 멋진 기타 연주를 선보였다. 노래 도중, 갑자기 박진영이 노래를 중단시켰다.

"노래를 굉장히 잘해요. 흔히 스케일이라고 하는데, 애드리브를 하면서 음을 다섯 단계 연속으로 내릴 때도 음이 다 맞아요. 이건 기존 가수들도 굉장히 하기 힘든 거예요. 노래로는 부족한 게 없어요."

완벽한 노래실력을 인정받은 제니 석. 그러나 그녀는 심사위원들 모두에게 외면을 받았다. 왜 그랬을까?

누군가를 설득할 때 가장 먼저 체크해야 할 것은 '상대방이 무엇을 원하는가?'이다. 바꿔 말하면 상대방의 판단기준이 무엇인지부터 파악해야 한다. 〈K팝스타〉는 완벽한 뮤지션을 찾는 오디션이 아니다. 시즌2가 시작되기 전, YG의 양현석은 '가능성과 끼'를 판단기준으로 들었다. JYP의 박진영은 '1%의 특별함'을 판단기준으로 삼았다. 박진영은 "완성된 실력보다, 뭔가 특별한 것이 있다면 자신 있게 도전해봤으면 좋겠다. 나머지는 우리들에게 맡기고."라고 했다. SM의 보아는 "가창력과 퍼포먼스를 갖춘 멋진 친구들을 찾겠다."고 했다.

음악에 문외한인 내가 보기에도 제니 석의 노래는 심사위원들의 판단

기준과 너무 동떨어져 있었다. 박진영의 심사평에 이어 보아의 말이 이어졌다.

"제니 양은 노래는 잘 하지만, 앞으로 트레이닝을 하면서 발전할 것 같은 느낌이 잘 오지 않아요."

박진영과 양현석의 심사평도 계속되었다.

"자기만의 색깔, 자기 목소리로 말하려는 느낌이 없어서 그래요. 이 프로그램에서 원하는 건, 노래를 못하더라도 자기만의 목소리로 뭔가를 말하려 하고, 그 나머지를 힘을 합쳐서 만들어 가는 거거든요. 그게 다른 오디션 프로그램과의 차이점이에요. 너무 잘 하지만, 저 역시 불합격을 드릴 수밖에 없어요."

"한 편의 드라마 속에는 기승전결이 있어요. 두 시간짜리 영화에도 기승전결이 있고, 짧게 부르는 2분의 노래에도 기승전결이 있어요. 그런데 제니 씨 노래는 처음, 중간, 끝이 다 똑같아요. 그래서 지루한 거예요. 유튜브 스타일지는 모르지만, 저희가 찾는 K팝스타는 아니에요."

아마도 제니 석은 사람들에게 감동을 주기보다 짧은 시간 동안 자신의 실력과 테크닉을 보여주는 데 주력한 것 같다. 솔직히 내가 듣기에도 지루했다. 제니 석 자신에게도 충격적인 결과였을 것이다. 그녀에게는 이 실패가 앞으로의 성장에 좋은 밑거름이 될 것이다.

비즈니스 세계도 마찬가지다. 며칠 밤을 새며 열심히 준비해서 프레젠테이션을 해도, 도중에 중단되는 일이 많다. 역시 상대방이 무엇을 원하는지 제대로 파악하지 못했기 때문에 벌어지는 일이다.

상대방의 판단기준부터 체크하자. 그것이 프레젠테이션 성공의 열쇠다. 상대방의 판단기준을 미리 파악하지 못하면, 겉으로 보기에 훌륭한 프레젠테이션은 할 수 있어도 설득력 있는 프레젠테이션은 할 수 없다. 아무리 말을 잘 하고 시각자료를 잘 만들었더라도 무용지물이다. 프레젠테이션을 제대로 하고 싶다면, 상대방의 입장에서 상대방의 판단기준부터 생각하자.

머리로는 Yes라도
감정이 No인 상태를 만들지 마라

　상대방을 설득하는 방법은 기본적으로 두 가지다. 논리를 바탕으로 이성에 호소하는 방법과 상대방의 정서를 터치하며 감성에 호소하는 방법이다. 상대방을 설득하려면 어느 쪽이 좋을까? 이성에 호소하는 것이 좋을까, 감성에 호소하는 것이 좋을까?

　둘 다 아니다. 답은 상대방의 성향에 따라 달라진다. 상대방이 이성적인 사람이면 이성에 호소해야 하고, 감성이 풍부한 사람이라면 감성에 호소해야 한다. 내가 어떤 사람이냐는 전혀 중요하지 않다. 설득할 때는 상대방에게 맞추는 것이 중요하다.

　회사에서 대리로 근무하던 시절의 이야기다. 그 당시, 회사조직은 팀제가 아니라 부과체제였다. 나는 양이 많은 것을 정말 싫어한다. 특히 한 장으로 보고하는 것을 좋아한다. 일도 화끈하게 추진하는 편이다. 무엇보다 일을 벌이는 것을 좋아한다. 수습을 잘 못해서 탈이긴 하지만……. 그에 비해 과장님은 생색내는 걸 좋아하셨다. 일단 양이 많아야 했다. 부장님에게 서류 뭉치를 잔뜩 들고 가서 "일을 이렇게 많이 했습니다."라고 말하는 걸 즐기는 스타일이셨다.

어느 날, 과장님이 내게 새로운 일을 하나 시키셨다. 일주일이 지났다. 과장님께서 그 일이 어떻게 진행되고 있느냐고 물으셨다.

"과장님, 3분만 기다려 주세요. 바로 보고하겠습니다."

그러고는 A4용지 한 장에다 '잘 되어가고 있음.' 이라고 적어서 과장님 책상에 올려놓았다. 그 순간 과장님은 거품을 물며 책상 밑으로 쓰러지셨다.

거꾸로, 내가 과장 때의 일이다. 송 대리라는 부하직원이 있었다. 그 송 대리가 꼭 예전의 과장님 스타일이었다. 양이 많은 것을 무척 좋아했다.

"송 대리, 지난 번 내가 시킨 일 어떻게 되었지?"

"과장님, 세 시간만 기다려 주세요. 그때 보고 드리겠습니다."

그러더니 PC에서 자료를 잔뜩 뽑아서 서류 한 뭉치를 내 책상에 올려놓았다. 그때부터 내 눈은 뱅뱅 돌아가기 시작했다. 난 한 장도 필요 없다. 자신 있는 말 한마디면 충분했다.

"잘 돼갑니다. 과장님!"

이처럼 간단한 보고를 할 때에도 상대방의 성향에 맞추어야 한다. 상대방에게 맞추지 못하면 아무 소용이 없다. 상대방이 이성적인 사람이라면 이성에 호소하고, 감성적인 사람이라면 감성에 호소해야 한다.

이때, 간과하지 말아야 할 것이 있다. 이성이나 감성만 가지고서는 절대로 설득이 이루어지지 않는다는 점이다. 이성과 감성을 동시에 건드려야 한다. 앞서 제니 석의 경우도 마찬가지다. 노래 실력이나 테크닉, 즉 이성적인 부분에서는 완벽했다. 그러나 심사위원들의 감성을 사로잡지는 못했다. '가왕' 조용필이 이런 이야기를 한 적이 있다.

"프로가수에게 중요한 건 노래를 잘 하느냐 못 하느냐가 아니다. 사랑, 그리움, 슬픔 같은 정서를 목소리를 통해 대중에게 얼마나 잘 전달하느냐가 중요하다."

조용필이 노래 실력과 테크닉, 즉 이성을 무시하라는 뜻으로 말한 건 아닐 것이다. 프로가수라면 이성은 기본적으로 갖추고 있어야 한다. 피나는 노력으로 실력과 테크닉을 갖추지 못하면 절대 프로가수가 될 수 없다. 그러나 실력과 테크닉을 갖춘 프로가수라고 해서 모두 대중적 인기를 얻는 것은 아니다. 대중의 사랑을 받으려면 이성을 기본으로 깔고 감성을 건드릴 줄 알아야 한다는 점을 강조한 것이다.

엄밀함이 강조되는 학문의 세계라면 모를까, 비즈니스 세계에서는 이성만 가지고는 설득이 안 된다.

"그래, 네 말이 맞긴 맞아. 그런데 난 동의 못해!"

회의할 때나 회식자리에서 자주 나오는 이야기다. 이성적으로 네 말이 맞지만 동의는 못하겠다. 왜 그럴까? 내 감정을 건드려 놓아서 그렇다는 이야기다. 다시 한 번 강조하지만, 설득할 때는 머리로는 Yes라도 감정이 No인 상태로 만들어서는 안 된다.

비즈니스 세계에서 상대방을 설득을 할 때 가장 좋은 방법은 이성을 기본으로 깔고 감성에 호소하는 것이다. 상대가 이성적인 사람이라면 이성과 감성에 호소하는 비율을 7:3으로 잡고, 감성적인 사람이라면 비율을

3:7로 잡으면 된다.

자, 그렇다면 이 원리를 프레젠테이션 할 때는 어떻게 활용할 수 있을까? 프레젠테이션 자료는 논리정연하고 간결하게 이성에 호소할 수 있도록 만들어야 한다. 프레젠테이션을 실행할 때는 그 자료를 바탕으로 감성을 건드리면 된다. 즉, 자료는 이성적으로 만들고 실전에서는 감성에 호소하는 것이다. 청중이나 의사결정권자의 성향에 따라 그 비율만 잘 조절하면 된다.

상대방의 자존심을 자극하고
협력에 호소하라

감성에 호소하는 방법 중, 서로 윈윈Win-Win 할 수 있는 강력하고 무서운 방법을 소개하고자 한다. 이 방법을 사용하면, 상대방은 의식도 하지 못한 채 기분 좋게 당한다. 나도 직장생활을 할 때 너무 많이 당했다. 그러나 아이러니하게도 그것이 나를 성장시키는 밑거름이 되었다.

"길 대리, 우리 팀이 이렇게 어려울 때, 내가 믿을 사람이 너밖에 없잖아. 이럴 때 네가 날 도와주지 않으면 누굴 믿고 일하겠어?"

"점장님, 제가 여러 대리점을 관리하고 있지만, 믿을 사람은 점장님밖에 없어요. 이번 한 번만 저를 꼭 도와주세요."

비즈니스를 하거나 조직에서 일하는 사람이라면, 누구나 가끔씩 듣는 이야기일 것이다. 감성에 호소하는 방법 중에 이보다 무서운 방법은 없다. 상대방의 자존심을 자극하고 협력에 호소하라. 아마도 이 소리를 듣는 대부분의 상대방은 무방비 상태로 당할지 모른다. 그러나 당하는 사람도 기분이 나쁘지 않다. 시간이 지나면 당한 사람도 자신의 잠재력을 최대한 끌어낼 수 있기 때문이다.

신입사원 시절의 일이다. 일본으로 출장을 간 적이 있었다. 일본의 인력개발시스템에 대해서 조사하기 위해서였다. 하루는 일과를 마치고 호텔에 들어오니 메시지가 남겨져 있었다. 경영기획실장님이 갑자기 동경에 출장을 왔으니, 동경 항구로 7시까지 나오라는 전언이었다. '급작스럽게 오셔서 심부름시킬 사람을 안 데리고 왔나 보다.' 하고 부랴부랴 동경항으로 나갔다. 좀 늦게 도착했는데, 선착장에 실장님을 필두로 계열사 지사장님들이 도열해 있었다.

"실장님, 부르셨습니까? 시키실 일이 무엇입니까?" 하고 물었더니, 심부름을 시키려는 게 아니라며 일본의 지사장님들에게 나를 소개하셨다. "이 친구가 이번에 경영기획실에 들어 온 신입사원 길영로입니다." 하며 계열사 지사장님들에게 인사를 시키셨다. 태어나서 처음으로 도열을 받으며 인사를 해 보았다. 나중에 알고 보니 계열사 지사장 한 분이 예기치 않은 대박을 쳐서 격려 차 바다를 건너오신 자리였다.

동경항에서 유람선을 타고 세 시간 동안 선상파티를 했다. 태어나서 그렇게 호화로운 유람선을 타본 건 그때가 처음이자 마지막이었다. 참가자들도 모두 임원급 이상이었다. 양고기 스테이크도 처음 먹어 보았다. 익숙지 않은 양고기를 먹는 것도 고역이었지만, 높은 사람들이 너무 많아서 고기가 입으로 들어가는지 코로 들어가는지 정신을 차릴 수 없었다. 직장생활을 해 본 사람이라면 그때의 내 심정을 모두 이해할 것이다. 속으로 되뇌었다.

'도대체 나를 왜 불렀을까? 그냥 호텔에서 컵라면이나 먹게 놔두지.'

상사들을 안주 삼아 동기들과 삼겹살에 소주를 마시던 자리가 너무도 그리웠다. 그럴 때면 이 세상이 전부 내 것 같았고, 스트레스도 팍팍 풀렸었는데……. 호화로운 유람선에서 산해진미와 와인을 먹었지만 소화가 되지 않았다. '왜 이렇게 속이 거북하지. 요즘 술을 너무 많이 먹었나. 서울에 돌아가면 위 내시경부터 해봐야지.' 하고 생각했다.

한 쪽 구석에서 말 한마디 못하고 양고기를 썰고 있는데, 실장님이 계열사 지사장님들과 한 잔씩 주고받으며 이야기를 나누시더니, 갑자기 나를 불러 일으켜 세우셨다.

"미스터 길, 회장님께서 내년부터 슈펙스SUPEX*를 추진하려고 하시잖아. 여기 지사장님들이 그 취지를 아직 잘 모르시니까, 회장님이 왜 추진하려고 하시는지 10분 동안 설명해드려. 알았지?"

지시를 받고 바로 일어서서 슈펙스의 취지에 대해 설명을 시작했다. 그러자 갑자기 실장님이 "여기는 일본이니까, 일본어로 하지 그래?" 하고 농담을 던지셨다. 실장님은 내가 일본어를 할 줄 아는지 전혀 모르셨다. 입사할 때는 영어로 시험을 봐서 합격했다. 일본어 시험은 아예 치르지도 않았었다. 그러나 다행히도 중학교 1학년 때부터 독학으로 일본어를 어느 정도 공부해둔 덕분에 웬만큼은 할 수 있었다. 요즘 젊은 사람들이 게임을 하기 위해 일본어를 조금씩 익히는 경우가 있는데, 당시 나는

---

* 슈펙스(SUPEX)는 Super Excellent Level의 약자로 인간의 능력으로 도달할 수 있는 최상의 수준을 의미한다. SK 그룹에서 고(故) 최종현 회장의 경영철학을 바탕으로 개발한 경영혁신기법이다.

일본 영화잡지를 보고 싶어서 공부를 했었다. 일본어로 슈펙스에 대해 10분 정도 설명을 했더니, 지사장님들이 내게 질문을 던지기 시작했다.

"자네, 일본의 어느 대학에서 공부를 했지? 관서지방 사투리를 쓰는 것 같은데?"

"저, 일본에는 이번에 처음 왔는데요."

지사장님들이 깜짝 놀라며 실장님에게 나를 칭찬했다.

"그룹 경영기획실 직원들은 정말 대단합니다. 어떻게 일본에 처음 온 사람이 일본어를 저렇게 유창하게 구사합니까?"

부하직원이 칭찬을 받으니 실장님도 흐뭇한 눈치였다. 그때부터 지사장님들이 내게 술을 권하며 말을 걸기 시작했다. 약간의 취기가 돌자, 지사장님들에게 자신 있게 내 의견을 피력하기 시작했다. 그런 모습이 당돌했는지, 아니면 신선했는지 그분들도 흡족해하며 대화를 즐겼다. 반전이었다. 짜증나던 시간이 얼마나 행복해졌는지 모른다. 그날 밤, 나는 동경만의 야경을 바라보며 충성을 맹세했다. 그리고 냄새가 역겹던 그 양고기도 이제는 내가 제일 사랑하는 고기가 되었다.

조선시대로 치면 '일인지하 만인지상'의 영의정과 같은 그룹의 경영기획실장. 그분이 일개 신입사원인 내가 일본에 출장을 왔는지 어떻게 알고 있으며, 설령 알고 있다 하더라도 그런 멋진 자리에 참석시킬 생각을 어떻게 하셨을까? 게다가 혼자 썰렁하게 스테이크를 썰고 있는 신입사원에게 지사장들 앞에서 발언을 시키고, 들러리가 아니라 너도 파티의 주역이라는 생각을 어떻게 심어줄 수 있었을까? 다름이 아니라 자존심을 자극하고 협력에 호소한 것이다. '네가 앞으로 그룹을 이끌어 갈 미래의 주역이다. 그러니 성심을 다해서 일해라.' 그런 의미가 아니었을까?

그날 이후, 나는 내가 정말 중요한 위치에서 일하고 있다는 생각을 했다. 그리고 충성을 다해 열심히 일하기 시작했다. 아직도 그 실장님을 생각하면 두 단어 밖에 떠오르지 않는다. 존경과 신뢰. 부하들의 잠재력을 이끌어내는 데는 정말 천재 같은 분이셨다. 이후 직장생활을 계속하다 보니 나만 그런 경험을 한 게 아니었다. 그분의 부하직원들 거의 모두가 나와 비슷하게 당한 것 같다.

상대방의 자존심을 자극하고 협력에 호소하라. 프레젠테이션의 발표 자라면 이 말을 절대 잊어서는 안 된다. 프레젠테이션을 하는 내내 이 개념을 염두에 두어야 한다.

글로벌 기업의 직원이 우리나라 중소기업에 와서 솔루션을 제안할 때, 자신이 몸담고 있는 기업의 강점을 내세우며 고객사를 무시하는 듯한 발언을 하는 경우가 있다. 그 글로벌 기업이 독점하는 분야가 아니라면, 고객사가 제안을 받아들일 리 없을 것이다.

경쟁관계인 A사와 B사가 있다고 치자. 창업 이래 항상 업계 선두를 달려온 A사가 최근 들어 변화의 흐름을 잘못 읽어 B사에 뒤처져 있다. 만약 A사에 가서 B사와 비교하며 프레젠테이션을 계속한다면, A사의 직원들은 자존심만 상할 것이다. 그건 부모들이 자기 아이의 성적이 나쁠 때, 옆집 똘이와 비교하는 것과 똑같다.

"옆집 똘이는 95점을 받았다는데, 너는 왜 그 모양이니?"

아이는 반성은커녕 스트레스만 받고 공부와 점점 거리가 멀어질 것이다. 명심하라. 칭찬은 고래도 춤추게 한다.

"귀사가 이 분야에서 이룩한 실적은 이 업계에서 일하는 모든 사람들이 알고 있는 바와 같이……."

"2000년대까지 귀사가 이룩한 업적은 이러이러했습니다. 타의 추종을 불허할 정도였습니다. 이번에 저희 회사에서 제안하는 솔루션을 채택하시면 그때의 실적을 뛰어넘는 탁월한 성과를……."

스티브 잡스가 스탠포드 대학 졸업식에 참석해서 실시한 그 유명한 연설도 이렇게 시작한다.

"먼저, 세계 최고의 명문으로 꼽히는 이곳에서 여러분들의 졸업식에 참석하게 된 것을 영광으로 생각합니다."

프레젠테이션은
상대방을 설득하는 기술이다

지금까지 설득의 기본개념과 원리에 대해서 알아보았다. 프레젠테이션이라는 용어보다 왜 설득이라는 말에 대해서 먼저 살펴보았을까? 프레젠테이션을 제대로 이해하기 위해서다. 그럼 과연 프레젠테이션이란 무엇일까? 위키피디아에서 그 뜻을 찾아보았다.

Presentation is the act of introducing via speech and various additional means (for example with sharing computer screen or projecting some screen information) new information to an audience.

위키피디아에 의하면 '프레젠테이션은 말과 또 다른 수단을 사용하여 청중에게 새로운 정보를 소개하는 행위' 이다. 프레젠테이션에 대한 사전적 정의는 내가 프레젠테이션이라는 말을 처음 들은 25년 전이나 지금이

나 별 차이가 없다. 말 이외에 사용하는 주요 수단이 OHP_{overhead projector}에서 컴퓨터와 빔 프로젝터로 바뀌었을 뿐이다. 첫 번째 프레젠테이션에서 너무나 무기력했던 나로서는 이러한 사전적 정의만으로 프레젠테이션에 대한 갈증을 해소하기는 어려웠다.

첫 번째 프레젠테이션에서 쓰디 쓴 맛을 본 그 다음 날, 나는 곧바로 프레젠테이션 교육을 실시하는 교육기관을 찾아보기 시작했다. 불행하게도 당시 우리나라에는 프레젠테이션을 교육하는 기관이 전무했다. 프레젠테이션에 관한 책도 없었다. 앞이 캄캄했다. 그러던 중 '강사양성과정'을 진행하는 기관이 있다는 것을 알게 되었다. '프레젠테이션이나 강의나 둘 다 청중 앞에서 이야기 하는 거니까 똑같겠지.' 생각하며, 곧바로 품의를 내어 세미나에 참석했다. 이건 아니었다. 강의와 프레젠테이션은 비슷한 면도 있지만 차이가 많다는 것을 느꼈다. 교육내용도 지나치게 이론적이었다. 좀 더 실무적인 건 없을까? 현장에서 바로 써먹을 수 있는 방법이 있을 텐데…….

그때부터 미국과 일본의 서적을 구입해 읽기 시작했다. 미국과 일본에는 프레젠테이션에 관한 책이 놀라울 정도로 많았다. 그 중 가장 인상 깊게 읽었던 책이 안토니 제이_{Antony Jay}가 1970년에 쓴 《효과적인 프레젠테이션_{Effective Presentation}》이었다. 특히 프레젠테이션의 정의를 서술한 부분을 읽으며, '바로 이거다.'라는 생각이 들었다. 제이의 이야기를 들어 보자.

"프레젠테이션이란 무엇일까? 첫째, 프레젠테이션은 수업이 아니다. …… 강의도 아니다. …… 설득 행동이다. …… 발표자가 보다 지위가 높은 사람들을 청중으로 삼아 아랫사람의 입장에서 정중하게 말을 하는 것이다. 발표자는 청중에게 경청을 해달라거나 주의를 집중해달라고 강요할 수 없다."

이것이 바로 내가 찾던 비즈니스 관점의 프레젠테이션 정의였다. 제이의 정의를 토대로, 그 후 수많은 문헌을 읽고 실전 경험을 쌓으며 프레젠테이션에 대해 나름의 정의를 내리게 되었다. 나는 프레젠테이션을 다음과 같이 정의한다.

제한된 시간 내에
일정한 장소에서
자신의 의사를 정확하게 전달하여
상대방을 자신이 원하는 방향으로 설득하는 기술

프레젠테이션에는 네 가지 제약조건이 있다. 시간, 장소, 도구, 청중이다. 제약조건이란 자신의 힘으로 통제할 수 없는 조건을 말한다. 자기 권한 밖의 일이다.

누구나 충분한 시간을 갖고 프레젠테이션을 하고 싶지만 현실은 그렇지 못하다. 대개의 경우, 사전에 시간약속을 한다.

"30분밖에 시간을 못 드리니 그 안에 제안을 끝내 주세요."

심지어 약속을 하고도 프레젠테이션 장에서 갑자기 바꾸기도 한다.

"십분 안에 끝내주세요."

시간은 항상 제한되어 있다.

장소도 프레젠테이션에 상당한 영향을 미친다. 장소가 넓으냐 좁으냐, 홈그라운드냐 아니냐에 따라 프레젠테이션의 성패가 갈린다. 장소 역시 내가 선택할 수 있으면 좋겠지만 그런 일은 흔치 않다.

프레젠테이션의 상대방은 청중이다. 제이가 지적했듯이 발표자는 청중에게 경청을 강요할 수도, 프레젠테이션 하는 동안 주의를 기울여달라고 강요할 수도 없다. 또한 청중이 어떤 사람들로 구성되어 있느냐, 얼마나 많으냐에 따라 프레젠테이션 결과도 달라진다. 예를 들어 사내에서 항상 나를 깨기만 하는 상사가 있으면 시작부터 주눅이 들게 되어 있다. 청중 역시 내 마음대로 선택할 수 없다.

도구는 정의에서 뺐다. 왜냐하면 도구 없이 말로만 프레젠테이션을 하는 경우도 있기 때문이다.

이 네 가지 제약조건을 어떻게 전략적으로 활용해야 하는지에 대해서는 3부에서 자세히 설명하겠다.

프레젠테이션에서는 달변이나 화려한 말이 중요한 것이 아니다. 말은 어눌해도 좋다. 프레젠테이션을 잘 하느냐 못 하느냐는 상대방을 설득했느냐 못 했느냐로 결정된다. 이를 위해서 자신의 의사를 정확하게 상대방에게 전달하는 방법을 터득해야 한다. 이에 대해서는 2부에서 구체적으로 서술하겠다.

상대방을 자신이 원하는 방향으로 설득하는 기술에 대해서는 앞에서 이미 언급했다. 설득은 논리를 바탕으로 이성에 호소하는 방법과 정서를 자극하여 감성에 호소하는 방법 두 가지가 있다고 했다. 가장 좋은 설득의 방법은 논리를 기본으로 상대방의 정서를 터치하는 것이라는 점도 앞에서 언급했다.

누군가를 설득할 때 가장 먼저 체크해야 할 것은 '상대방이 무엇을 원하는가?' 이다. 즉 상대방의 판단기준이 무엇인지부터 파악해야 한다. 설득력은 논리력, 정서를 터치하는 능력, 상대방의 판단기준으로 이루어진다. 프레젠테이션이란 '제한된 시간 내에 일정한 장소에서 자신의 의사를 정확하게 전달하여 상대방을 자신이 원하는 방향으로 설득하는 기술'이다. 이 정의를 잊지 말자. 이러한 정의에 입각해서 프레젠테이션을 실행하기 위한 전략을 구체적으로 구상해야 한다.

용기는 사전 준비에서 나오고,
자신감은 성공 경험에서 나온다

인력개발을 담당하던 시절, 일본으로 출장을 가서 세미나에 참석하는 일이 많았다. 지금은 그렇지 않지만, 그 당시만 해도 우리나라의 기업교육 수준이 일본에 비해 뒤쳐져 있었기 때문이다. 그때 프레젠테이션 세미나에서 강사가 질문을 던졌다.

"프레젠테이션을 할 때는 세 가지 요소가 영향을 미칩니다. 내용, 전달방법, 태도입니다. 내용What은 '발표자가 무엇을 말하는가?' 입니다. 전달방법How은 '발표자의 목소리가 어떻게 들리는가?' 를 말합니다. 억양, 사투리, 음색 등을 의미합니다. 태도Looks는 '발표자가 어떻게 보이는가?' 를 뜻합니다. 그 동안 여러분들의 경험에 비추어 보았을 때, 전체를 100으로 한다면 각각 몇 퍼센트씩 영향을 미칠까요? 각자 자신의 핸드아웃 자료에 기입해보세요."

내용 (What)	무엇을 말하는가
전달방법 (How)	어떻게 들리는가
태도 (Looks)	어떻게 보이는가

그 질문을 받자마자 나는 거침없이 적어나가며 속으로 되뇌었다.

'내용 90%, 전달방법 7%, 태도 3%. 내용이 제일 중요하지. 뭐 다른 것들이 중요하겠어?'

강사는 교육생 몇 명에게 답을 요구하며 칠판에 적었다. 나보다 심하지는 않았지만 대부분의 교육생들이 내용이 가장 영향을 많이 미친다고 답했다. 난 속으로 쾌재를 불렀다.

'그럼 그렇지. 내용이 제일 중요하지. 암, 그렇고말고.'

그러나 잠시 후 내 얼굴은 핏빛으로 변해버렸다. 강사가 다음 슬라이드를 올리자 교육생들의 입에서 탄식이 흘러나왔다. 미국 캘리포니아 대학 앨버트 메라비언Albert Mehrabian 교수의 연구에 의하면, 가장 영향을 많이 미치는 것은 태도였다. 그 다음으로 전달방법, 내용의 순이었다.

결과는 충격적이었다. '내용이 7% 밖에 안 되다니⋯⋯.' 태도가 55%나 영향을 미치고, 전달방법도 38%나 영향을 준다는 말을 믿을 수 없었다. 이것이 그 유명한 '앨버트 메라비언의 법칙'이다. 그러나 차분히 옛 경험을 되살려 보니 메라비언의 법칙이 맞았다. 나는 선천적으로 목소리가 갈라진 편이라서 듣는 사람의 입장에서는 최악이다. 게다가 프레젠테이션을 할 때마다 덜덜 떨었으니, 누가 내 제안을 이해하고 받아들일 수

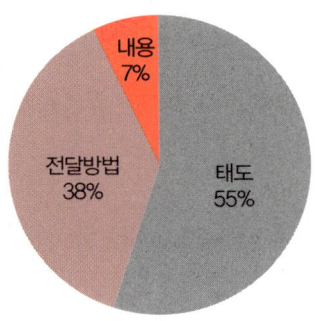

★ 〈1-2〉 앨버트 메라비언의 법칙 ★

내용
7%

전달방법
38%

태도
55%

있었겠는가? 내용은 괜찮게 만들었다고 생각했는데 매번 작살이 났다.

앨버트 메라비언의 법칙을 깨달은 후, 나는 내 인생에 영향을 미친 스승님들의 서열을 바꿀 수밖에 없었다. 서열에 전혀 올라와 있지 않던 메라비언 교수님이 단숨에 세 번째 서열까지 치고 올라왔다. 경이로운 순간이었다. 메라비언의 법칙을 몰랐다면 오늘날의 나는 없었을 것이다. 하나의 깨달음이 한 사람의 인생을 바꿀 수 있다는 것을 처음으로 체험한 순간이었다.

깨달음을 얻은 후, 생각이 바뀌기 시작했다. 태도가 가장 많이 영향을 미친다면 떨 필요도, 떨어서도 안 되는 것이었다.

'어차피 프레젠테이션을 누가 대신해 주는 것도 아닌데, 피할 수 없다면 차라리 승부를 걸자.'

추호의 흔들림도 없는 결심을 하였다.

그때부터 용기와 자신감을 갖고 프레젠테이션을 밀어붙였다. CEO가 직접 참석하는 프레젠테이션에서도, 시작하자마자 CEO에게 질문을 던지기 시작했다. 그러면 주변에 앉아 있는 임원들이 긴장을 했다. '저 자식은 대표한테도 질문을 던지네.' 하는 표정이 역력했다. 노파심에서 이야기한다. 오너나 CEO에게 질문을 던질 때는 어려운 내용을 물어서는 안 된다. 도리어 박살이 날 수도 있다. 가볍게 동의나 공감을 구하는 정도의 질문이 좋다. 그렇다면 승부를 걸 수 있는 용기와 자신감은 어디에서 나올까?

정말 행복했던 한 해로 돌아가 보자. 2002년이다. 히딩크 감독이 부임하기 전, 우리나라의 축구 전문가들은 한국 축구가 정신력과 체력은 좋은데 기술이 문제라고 분석하였다. 그러나 히딩크 감독의 생각은 달랐다. '오대영'이라는 별명을 얻을 정도로 수모를 겪으면서도 히딩크는 끊임없이 한국 축구를 테스트했다. 그의 분석결과는 정반대였다.

"한국 축구의 기술은 괜찮다. 왼발 오른발을 자유자재로 구사하는 선수들은 유럽에서도 거의 본 적이 없다. 체력과 정신력이 문제다."

그 후, 히딩크는 세계를 놀라게 하겠다며 철저히 준비를 해나갔다. 2002년 3월, 스페인 라망가 전지훈련에서는 '파워프로그램'을 가지고 선수들과 직접 몸싸움을 하며 훈련을 계속했다. 통상 이 시기에는 전술훈련을 하기 마련이다. 그런데도 히딩크는 선수들에게 지옥훈련이나 다름없던 '빽빽이'를 시키고 있었다.

월드컵을 코앞에 두고 유럽의 강호들과 차례로 평가전을 가졌다. 그 이전까지만 해도 유럽 선수들과 몸싸움을 할 때, 한국의 선수들은 지레 겁을 먹고 먼저 쓰러졌다. 그러나 태극전사들은 달라져 있었다. 유럽 선수들을 두려워하지 않고 용기 있게 맞서기 시작했다. 김남일 선수가 몸싸움 과정에서 상대 선수의 유니폼을 찢어버리던 장면은 백미였다. 영국, 프랑스 등과 대등한 경기를 펼친 태극전사들은 서서히 자신감을 회복했다. 그리고 월드컵 본선 첫 경기 폴란드전. 황선홍의 선제골과 유상철의 쐐기골. 월드컵 첫 승. 태극전사들은 완벽한 성공 경험을 가졌다. 그 이후의 무대는 누구나 아는 바와 같이 거침없는 전진이었다. 태극전사들은 그 어느 때보다 자신감으로 똘똘 뭉쳐져 있었다. 용기는 철저한 사전 준비에서 나오고 자신감은 성공 경험에서 나온다.

"그가 저지른 죄악상은 천인공노할 일이지만, 그는 프레젠테이션의 천재였다."

누구를 이야기 하는지 짐작하는 사람들이 많을 것이다. 바로 '아돌프 히틀러' 다. 대학시절, 그의 저서《나의 투쟁》을 읽은 적이 있다. 그때 읽은 한 구절을 소개한다.

"사람을 설득할 수 있는 건 '쓰여진 말' 보다 '이야기된 말' 이며, 이 세상의 위대한 운동은 위대한 문필가가 아니라 위대한 연설가에게서 그 진전의 혜택을 입고 있다는 것을 나는 알고 있다."

쓰여진 말보다 이야기된 말. 히틀러 역시 본능적으로 내용보다는 태도와 전달방법이 중요하다는 것을 꿰뚫고 있었다. 히틀러의 이러한 프레젠테이션 능력이 세상을 돌이킬 수 없는 비극으로 빠지게 만들었다.

여기서 간과하지 말아야 할 것이 있다. 프레젠테이션을 할 때, 태도〉전달 방법〉내용 순으로 영향을 미치지만, 그렇다고 해서 내용이 중요하지 않다는 이야기는 아니다. 발표자가 청중 앞에서 프레젠테이션을 실행하는 순간부터 그런 순으로 영향을 미친다는 것이다. 발표자라면 프레젠테이션을 실행하기 전에 완벽한 내용과 논리를 만들기 위해 최선을 다해야 할 것이다. 용기는 사전 준비에서 나오기 때문이다.

당당하되 거만하지 않게,
겸손하되 비굴하지 않게

"폐하, 경청해주셔서 감사합니다. 마지막으로 이번 항해가 성공했을 때, 제게 보장해주셨으면 하는 조건을 말씀드리겠습니다. 첫째, 저를 새로 발견한 대륙과 섬들의 총독으로 임명해 주십시오. 둘째, 획득한 토지와 무역으로 얻을 수 있는 보석, 향신료 등 수입의 10%도 제 몫으로 인정해 주십시오. 셋째, 이 모든 특권을 제 자손들이 이어갈 수 있도록 허락해 주십시오."

대항해 시대. 콜럼버스가 스페인의 이사벨라 여왕 앞에서 "대서양 서쪽으로 항해하면 동인도에 도착할 수 있다."라는 내용의 프레젠테이션을 할 때의 이야기다. 이사벨라 여왕과 스페인 귀족들 입장에서는 그야말로 터무니없는 요구조건이었다. 평민이었던 콜럼버스도 그 점을 모르지 않았을 것이다. 그러나 그는 터무니없어 보이는 조건을 당당하게 제시했다. 제안은 당연히 거절당했다. 엄청난 지위와 재물에 대한 요구가 여왕과 귀족들의 반감을 샀기 때문이다. 그러나 프레젠테이션을 마치고 궁전을 빠져나가려던 콜럼버스에게 여왕의 사자가 황급히 달려왔다. 드디어 대항해의 길이 열린 것이다.

콜럼버스는 사전분석을 통해 여왕이 자신의 기획안을 간절히 원하고 있다고 판단했다. 그래서 추호의 망설임도 없이 파격적인 요구조건을 제시했다. 그는 시대의 흐름과 상황을 읽고 프레젠테이션을 철저히 준비했다. 용기는 사전 준비에서 나온다는 사실을 다시 한 번 확인할 수 있는 대목이다. 그가 분석한 내용은 다음과 같다. 다니엘 부어스틴Daniel J. Boorstin이 쓴《발견자들》에 그 내용이 잘 드러나 있다.

- 항해가 실패로 끝나더라도 스페인 정부에 재정적, 외교적 타격이 거의 없다. 그러나 만일 성공하면, 스페인의 재정이 100배 이상 탄탄해질 수 있다.
- 새로운 영토를 확보하여 스페인의 국교인 가톨릭을 포교할 수 있다. 이것은 하느님의 뜻이다. 그러면 여왕에게 하느님의 은총이 내릴 것이고, 불안한 정세를 돌파할 수 있는 지지 세력을 확보할 수 있다.
- 아프리카를 우회하는 동방 항로 개척에 뒤쳐져 있던 스페인으로서는 새로운 돌파구를 찾지 않는 한, 포르투갈을 절대 따라 잡을 수 없다.
- 만일 포르투갈 국왕이 콜럼버스의 제안을 다시 받아들여 허락한다면, 스페인은 치명적인 타격을 입을 것이다. 여왕의 위세도 크게 손상을 입을 것이며, 지지자들도 등을 돌릴 것이다. 정적들에게 자칫 공격의 빌미를 제공할 수도 있다.

젊은 시절 왕위 계승권을 두고 혈육과 피비린내 나는 싸움을 벌였던 이

사벨라 여왕은 마침내 결단을 내린다. 악몽과도 같은 골육상잔의 비극을 두 번 다시 벌이고 싶지 않았기 때문이다.

비즈니스 세계에는 갑과 을이 있다. 상사와 부하가 있다. 그리고 무엇보다 무서운 고객이 있다. 아무리 을이라 해도 갑 앞에서 당당하지 못하고 비굴해 보이는 것은 좋지 않다. 비즈니스는 신뢰가 중요하다. 비굴한 모습에서 신뢰를 찾기는 어렵다. MBC에서 방영한 〈휴먼 다큐 사람이 좋다〉라는 프로그램에서 JYP의 대표 박진영이 직원들에게 하는 말이 아주 멋있었다.

"우리 회사가 망해도 좋다. 절대 여성이 서비스하는 술집에 가서 접대하지 말라."

그 세계를 전혀 모르지만, 참 하기 어려운 말 같다. 직원들이 처음에는 곤란해 했다고 한다. 그러나 지금은 오히려 당당하게 일할 수 있어서 다들 좋아한다고 한다. 아무리 을이라 하더라도 프레젠테이션을 할 때는 처음부터 끝날 때까지 시종일관 이런 태도를 유지해야 한다.

'당당하되 거만하지 않게, 겸손하되 비굴하지 않게.'

그렇다면 '당당하되 거만하지 않게, 겸손하되 비굴하지 않게' 란 과연 어떤 모습일까? 논어의 '군자삼변君子三變'이 그 대답이 되지 않을까 생각한다. '세 번 변하는 사람이 진정한 군자' 라는 뜻이다. 박재희 교수의 책 《3분 고전》을 보면 그 뜻이 잘 풀이되어 있다.

공자는 〈논어〉에서 엄숙함, 따뜻함, 논리력을 모두 갖춘 사람을 삼변三變, 즉 군자라고 했다. 석 삼三에 변할 변變, 그러니까 세 가지 서로 다른 변화의 모습을 군자에게서 찾을 수 있다는 뜻이다.

일변一變은 멀리서 바라보았을 때 엄숙함을 느낄 수 있는 사람이다. 그런 사람에게서는 카리스마가 느껴진다. 그러나 가까이 하기엔 다소 어려운 면이 있을 수 있다. 다가가서 보았을 때 그 사람에게서 따뜻함을 느낄 수 있다면 정말 좋을 것이다. 멀리서 보면 엄숙한 사람인데 가까이 다가가서 보면 따뜻함이 느껴지는 사람, 엄숙하면서도 따뜻함이 느껴지는 사람이 바로 이변二變이다. 삼변三變은 그 사람의 말 속에서 느껴지는 정확한 논리를 뜻한다. 말을 들어 보면 논리적인 모습이 느껴지는 경우이다. '군자삼변' 이란 외면의 엄숙함과 내면의 따뜻함, 거기에 논리적인 언행까지 갖춘 최고의 사람이라는 뜻이다.

프레젠테이션을 할 때는 예를 갖추어 기품 있고 세련되게 해야 한다. 발표자의 모습과 태도에서 당당함, 즉 카리스마가 느껴져야 한다. 그게 일변이다. 그러나 청중에게 다가가지 못하면 아무 소용이 없다. 따라서 따뜻한 인간미와 겸손함을 느낄 수 있도록 청중의 정서를 자극하며 감성에 호소해야 한다. 그것이 이변이다. 또한 발표자의 말은 시종일관 논리 정연해야 한다. 그것이 삼변이다.

한 가지 염두에 두어야 할 것이 있다. 당당함보다 어려운 것이 겸손이라는 점이다. 왜 그럴까? 겸손해지려면 먼저 실력이 있어야 하기 때문이다. 논리도 갖추어야 하고, 내용에 대해서도 정통해야 하고, 프레젠테이션 능력도 탁월해야 비굴하지 않고 진정으로 겸손해질 수 있다.

내가 가장 좋아하는 사상가 마키아벨리가 〈군주론〉에서 이런 말을 했다.

"겸손이란 강한 자만의 특권이다. 강한 사람은 겸손해질 수도 있고, 거만해질 수도 있다. 강한 사람이 자신을 낮추는 것은 겸손이고 자신을 높이는 것은 자만이다. 약한 사람은 겸손해질 수 없다. 자신을 낮출 수 없기 때문이다. 약한 사람이 자신을 낮추는 것은 비굴이고 자신을 높이는 것은 허풍이다."

2

떨지마라, 떨리게 하라

프레젠테이션은
쌍방향 커뮤니케이션이다

"청중들 앞에 서자마자 머릿속이 하얗게 되었다."

"입에 침이 마르면서 물만 찾았다."

"남들 앞에서 생각했던 것의 절반도 이야기하지 못하고 내려왔다."

"이마와 등줄기에서 식은땀이 흘러내렸다."

"남들 앞에 서자, 심장이 가파르게 뛰고 목소리가 커지고 빨라졌다."

"어찌나 떨리던지 빨리 끝내고 싶은 마음뿐이었다."

사원 시절, 상사들이나 고객들 앞에서 프레젠테이션 할 때마다 내 몸에서 자동적으로 나타나던 증상들이다. 그때만 해도 프레젠테이션의 개념과 방법론에 대한 연구가 여러 모로 부족했다. 게다가 실전 경험도 별로 없었다. 이 책 저 책 보면서 공부했지만, 프레젠테이션이 과연 무엇이고 어떻게 하면 잘 할 수 있는지 전혀 감을 잡지 못했다. 그러던 어느 날, 신기한 체험을 했다. 내게는 콜럼버스가 신대륙을 발견한 것만큼이나 신기한 체험이었다.

대리로 승진하고 얼마 지나지 않아서였다. 승진을 하고 보직을 새로 맡게 되자, '이건 뭐지?' 그 망할 놈의 프레젠테이션을 또 하게 된 것이다. 주변에서는 승진을 축하한다며 인사를 하는데, 정작 나는 한숨만 나오고 짜증만 났다. 그러나 곧 마음을 고쳐먹었다.

'그래, 이젠 대리잖아. 프레젠테이션도 몇 번 해 봤고, 그 동안 공부도 좀 했잖아. 이번엔 정말 심혈을 기울여서 준비하자. 아무래도 사원 시절하고는 다르겠지? 서당 개도 삼 년이면 풍월을 읊는다고 했는데.'

정말 최선을 다해 자료를 준비했다. 모든 내용을 암기하고 리허설도 여러 번 반복했다. 이번 만큼은 떨지 않겠다고 몇 번이나 다짐하며 상사들 앞에 섰다. 마음속으로 '초전박살' 구호를 외치며…….

'갑자기 전기가 나갔나? 왜 이렇게 캄캄하지.'

앞이 안 보였다. 다리가 후들거리고 정신이 몽롱해서 그 자리에 주저앉을 뻔 했다. 그때, 어디서 많이 듣던 목소리가 앞에서 들려 왔다.

"길 대리! 뭐해? 빨리 시작해야지. 시간도 없는데."

소리가 나는 쪽으로 고개를 돌려보니, 근엄한 표정의 상무님이 나를 보고 있었다.

"아, 사, 상무님. 시간이 없으시다고요. 네, 네……. 시, 시작해야지요."

나는 예전과 다름없이 식은땀을 흘리며 쩔쩔맸다. 어떻게든 빨리 끝내고 자리를 벗어나야겠다는 마음뿐이었다. 평소에도 말이 빨랐지만, 프레젠테이션을 하면서는 상대방이 알아들을 수 없을 만큼 더 빨라졌다. 긴장하고 흥분해서인지 평소보다 옥타브가 두 배는 올라간 것 같았다. '승진을 했으니 더 잘 해야 한다' 라는 중압감 때문인지 평소보다 오히려 더 헤매고 있었다.

그때, 청중 속에 있던 '나의' 팀장님이 갑자기 질문을 던지셨다. 그때까지 천장과 벽만 바라보고 이야기하던 나는 처음으로 팀장님의 눈을 응시했다. 다행히도 답변하기 쉬운 질문이었다. 팀장님의 눈을 응시하면서 답변했을 뿐인데, 그때부터 마음이 진정되기 시작했다. 정말 신기한 체험이었다. 나는 점차 안정을 찾아갔고, 프레젠테이션을 그럭저럭 마칠 수 있었다. 프레젠테이션을 마치고 팀장님 자리로 달려갔다.

"팀장님, 감사합니다. 이상하게 팀장님 질문을 받고 나서부터 떨리던 게 조금 덜해졌습니다. 그 덕분에 예전보다는 무사히 마칠 수 있었습니다. 감사했습니다."

"길 대리, 자네 프레젠테이션 할 때 왜 그렇게 떠는 줄 알아?"

"그건 제가 내성적이고 경험이 부족해서……."

"자네, 평소 보고할 때나 회의석상에서는 말을 잘하는 것 같아. 가끔 논리적인 의견을 제시할 때도 있고. 그런데 프레젠테이션 할 때 보니까 자네 혼자 일방적으로 떠들더라고. 그러니까 그렇게 떨리는 거야. 듣는 사람들 입장도 생각해야지. 청중은 졸고 있는지 듣고 있는지 아랑곳하지 않고 혼자 일방적으로 떠들어서야 되겠어? 그래서 아까 자네를 좀 진정시켜주려고 내가 질문을 한 거야. 어때, 나랑 눈이 마주치니까 마음이 좀 가라앉지 않았어?"

그때부터 팀장님이 한 이야기가 머릿속을 떠나지 않았다.

'혼자 일방적으로 떠들더라고. 그러니까 그렇게 떨리는 거야. 듣는 사람들 입장도 생각해야지……. 나랑 눈이 마주치니까 마음이 좀 가라앉지

않았어?'

프레젠테이션을 할 때, 긴장하고 떨리고 입이 타 들어가는 대표적인 이유는 청중을 향해 일방적으로 말을 하기 때문이다. 그건 마치 달빛 한 점 없는 칠흑 같은 밤에 뗏목을 타고 홀로 망망대해를 표류하는 것과도 같다. 한치 앞도 안 보이는 망망대해를 표류하고 있는 자신을 생각해 보라. 얼마나 두렵고 무섭겠는가?

프레젠테이션은 일방향 커뮤니케이션이 아니라 쌍방향 커뮤니케이션이다. 프레젠테이션을 할 때, 발표자는 청중을 컨트롤하면서 쌍방향으로 진행해야 한다. 그것을 깨닫기까지 너무 많은 시간을 소비했다. 그렇다면 왜 프레젠테이션을 쌍방향으로 진행해야 할까? 이유는 세 가지다.

첫째, 앞서 설명한 것처럼 발표자가 긴장하지 않고 마음 편히 진행할 수 있기 때문이다.

둘째, 프레젠테이션에 청중을 적극적으로 참여시킬 수 있고, 생각하게 만들 수 있기 때문이다. 발표자가 일방적으로 진행하면 '너는 말하는 사람, 나는 듣는 사람'의 관계가 형성된다. 이런 관계가 되면 청중은 시종일관 수동적인 태도를 취할 수밖에 없다. 발표자는 프레젠테이션을 마친 뒤에 청중으로부터 의사결정을 이끌어 내야 한다. 청중들이 자신의 제안에 "예스!"라고 대답하게 만들어야 하는 것이다. 그러려면 청중을 수동적으로 만들어서는 안 된다. 발표자의 말에 청중이 적극적으로 관여하게 해야 한다. 그래야 청중이 의문점을 묻고, 의견을 진술하고, 반론을 제시하고, 충분히 검토하여 의사결정을 할 수 있다. 사람의 말을 잠자코 듣고 있는 것만큼 재미없는 일도 없다.

셋째, 예기치 못한 상황이 발생했을 때, 즉각적으로 대응할 수 있기 때문이다. 아무리 사전에 면밀히 준비하더라도, 예정대로 프레젠테이션이 진행되는 경우는 그리 많지 않다. 항상 생각지도 못한 일이 일어나기 마련이다.

회사를 그만두고 교육사업을 시작한지 얼마 안 되었을 때의 일이다. 한 컨설팅 회사에 새로운 교육프로그램을 공동으로 개발하자는 내용의 프레젠테이션을 했다. 공동으로 개발함으로써 얻게 되는 상대방 측의 이점에 초점을 맞추었고, 더할 나위 없이 성공적으로 끝났다.

그날 밤, 나는 기쁜 마음으로 무교동 낙지골목을 헤매며 직원들과 소주잔을 기울였다. 일주일 뒤, 그 회사로부터 최종 답장이 왔다. 내용은 너무도 간단했다.

"공동개발 백지화"

이후 그 컨설팅 회사는 다른 회사와 계약을 맺었다. 나중에 이유를 알아보았더니, 판매채널에 대한 생각이 서로 달랐다. 그쪽에서는 온라인 판매채널을 중심으로 개발하고 싶어 했다. 반면, 나는 공동 개발할 교육프로그램을 오프라인 판매채널 중심으로 제안하였다. 그 당시, 내 자신감이 지나쳐서 일방적으로 프레젠테이션을 했다는 생각을 지금까지도 떨칠 수 없다. 만일 그때 지나치게 일방적으로 하지만 않았더라면 정반대의 결과가 나왔을 것이다. 그랬다면 아마도 프레젠테이션 도중에 이런 질문이 나왔을 것이다.

"온라인 판매채널에 대해서는 어떻게 생각하십니까?"

그날, 오프라인을 중심으로 제안했지만, 온라인 판매채널에 대해서도 유연하게 대처할 생각을 가지고 있었다. 아니, 사전에 생각하지 못했더라도 임기응변을 발휘하여 어떻게든 대처했을 것이다. 아무리 철저하게 청중을 분석하고 자료를 준비하더라도 발표자가 모든 것을 꿰뚫어 볼 수는 없다. 더구나 시간적인 제약이 있기 때문에 모든 것을 다 말할 수도 없다. 임기응변이라도 발휘하여 대처하고 싶다면, 청중을 잠자코 있게 만들지 말고 적극적으로 발언하게 해야 한다.

프레젠테이션은 청중 앞에서 일방적으로 이야기하는 'Talk at'이 아니다. 청중과 함께 생각하고 상호작용하며 나아가는 'Talk with'다. 따라서 마치 일상의 대화를 나누는 것처럼 물 흐르듯 자연스럽게 프레젠테이션을 해야 한다.

상대방에게 화제를 제공하고, 상대방이 그에 대해 의견을 진술하고, 그 의견에 내가 다시 질문을 던지고, 상대방도 그 질문에 답을 한다. 이렇게 프레젠테이션을 하면, 발표자가 스트레스 받을 일이 줄어들 수밖에 없다. 아니, 오히려 즐거움을 느끼게 된다. 즐거워지면 마음에 여유가 생긴다. 그러면 말의 전체 흐름을 조절할 수 있고, 냉정하게 청중을 관찰할 수 있다. 프레젠테이션을 선순환 구조로 만들 수 있는 것이다. 실제로 프레젠테이션 현장에 가보면, 발표자가 질문을 받았을 때부터 안정을 찾는 모습을 자주 관찰할 수 있다.

그렇다면, 프레젠테이션이 일상의 대화와 무엇이 다르냐고 의문을 제기하는 사람이 있을지 모르겠다. 쌍방향 커뮤니케이션이라는 점이 같을 뿐, 프레젠테이션은 일상적인 대화와는 전혀 다르다. 프레젠테이션은 주제에 대해 논리체계를 세워 이야기를 하고, 청중을 컨트롤 하여 그들을 설득하고 목표를 달성하는 행위다. 즉, 목표를 달성하기 위한 쌍방향 커뮤니케이션이 프레젠테이션이다. 프레젠테이션을 할 때 쌍방향 커뮤니케이션을 하지 못하면, 평생 긴장하고 떨게 될 것이다.

아무리 인원이 많아도
1:1 커뮤니케이션을 하라

잠시 중·고등학교 시절로 돌아가 보자. 수업시간에 선생님과 눈이 마주치면 어떤 행동을 했는가? 아마도 선생님의 눈을 피해 고개를 숙였을 것이다. 그런 다음, 선생님을 외면했다는 인상을 주지 않으려고 필기하는 척 했을 것이다. 아니면 선생님 말씀을 이해하지도 못하면서 고개를 끄덕였을 것이다. 왜 그런 행동들을 했을까?

나 역시 마찬가지였다. 선생님이 쳐다보면 괜히 얼굴이 붉어졌다. 질문을 하실까 봐 왠지 불안했다. 그래서 선생님의 눈길을 피했다. 교과서 88쪽을 펴고 동그라미에 색칠을 하면서 속으로 생각했다.

'다른 애들도 많은데 왜 하필 나야?'

그런데 더 커다란 불안감이 엄습해 온 적이 있다. 수업 중에 선생님이 단 한 번도 나를 쳐다보지 않았을 때였다. 눈이 마주치면 불안하고, 눈길을 한 번도 안주면 더 불안했다.

'이건 뭐지? 내가 이중인격자인가?'

프레젠테이션도 마찬가지다. 발표자가 수많은 청중 중 한 사람의 눈을 쳐다보면, 그 사람은 긴장을 하게 된다. 그런데 처음 눈이 마주쳤을 때는 잠시 어색해하지만, 다른 사람에게 시선을 주었다가 다시 쳐다보면 신기하게도 이미 나에게 집중하고 있는 모습을 발견하게 된다.

사람은 누구나 내심 주목을 받고 싶어 하는 존재다. 발표자는 청중으로부터 주목을 받는 입장에 있다. 이에 비해 청중 속의 개인은 발표자의 주목을 받을 확률이 매우 낮다. 발표자의 입장에서 보면 수많은 사람 가운데 한 명에 불과하기 때문이다. SBS의 〈짝〉이라는 프로그램을 보면, 마음에 드는 이성에게 주목 받기 위해 평소에 하지 않던 행동을 서슴없이 하는 모습을 목격할 수 있다. 특히, 남성의 주목을 받기 위해 여성들이 옷을 입은 채로 수영장 물속으로 뛰어드는 장면을 보았을 때는 그야말로 충격이었다. 내가 젊었을 때는 상상도 못할 일이었다.

대개의 사람들은 수많은 사람들과 함께 있을 때 나서는 것을 싫어하지만, 이중적으로 주목을 받는 것도 좋아한다. 사람들의 주목을 끌고 받는 가장 좋은 방법이 시선, 즉 '아이 컨택Eye contact'이다. 시선을 주면 시선을 끈다.

한 번은 내가 직접 공원에서 낯선 사람들을 대상으로 실험을 한 적이 있다. '과연 시선을 주면 시선을 끌 수 있을까?' 그게 궁금했다. 일정한 거리를 두고 서로 마주 보고 있는 벤치에 앉아서, 맞은편 벤치에 앉는 사람들을 대상으로 실험을 했다. 맞은편 벤치에 누군가 와서 앉으면, 나는 그 사람을 계속해서 쳐다보았다. 대부분의 사람들은 고개를 숙인 채 휴대전화를 조작하거나 책을 보고 있었다. 처음부터 나를 쳐다보는 사람은 거의 없었다. 그런데 그 사람을 계속 응시하다 보면, 얼마 지나지 않아 뭔가 느낌이 이상한지 나를 쳐다보았다. 실험 결과, 술 취한 사람 빼고 100%였다. 실험을 하다가 병원에 실려 갈 뻔 하기도 했다.

"뭘 빤히 쳐다봐!"

거리에서 낯선 사람과 눈이 마주치면 싸움이 일어날 수도 있다. 그래서 미국인들은 모르는 사람과 눈이 마주쳐도 "하이!" 하고 인사를 한다. 내가 너에게 적대감이 없다는 뜻이다. 프레젠테이션 장은 길거리와 다르다. 처음 보는 낯선 청중이라도 발표자에게 시선을 받으면 예의를 갖추어 발표자에게 시선을 주고 경청하기 마련이다.

발표자는 아무리 청중이 많아도 1:1 커뮤니케이션을 해야 한다. 3명이건 300명이건 인원수는 관계없다. 많은 사람도 한 명 한 명이 모인 것이다. 청중 한 사람 한 사람과 눈을 마주치면서 프레젠테이션을 하면 청중은 흥미를 갖고 열심히 듣는다. 청중의 집중력이 높아지면 이해도 역시 높아진다. 그래야 청중을 컨트롤할 수 있다. 청중의 눈을 봐야 상황을 파악할 수 있다. 청중이 내 이야기를 이해하고 있는지, 내 의견에 찬성하는지, 아니면 졸고 있는지 알 수 있다. 그것을 알아야 상황에 따라 대응할 수 있다. 굳이 청중과 질문을 주고받지 않더라도 청중의 눈만 보고도 모든 것을 파악할 수 있게 되는 것이다. 아이 컨택은 청중과 'Talk with' 할 수 있는 가장 강력한 방법이다. 발표자 혼자 이야기하면서도 쌍방향 커뮤니케이션을 할 수 있다.

실제 프레젠테이션 현장에 가보면, 대부분의 발표자들이 청중의 눈을 제대로 응시하지 못한다. 아이 컨택을 정확하게 하지 못하는 것이다. 노트북이나 스크린만 보며 프레젠테이션을 하는 경우가 대부분이다. 때로는 천장이나 벽을 보면서 말을 한다. 발표자의 눈이 청중을 향해 있는 경우도 자주 보기는 한다. 그러나 자세히 살펴보면 누군가 한 사람의 눈을 보는 게 아니다. 청중 쪽으로 시선만 가 있는 것이다. 이럴 때, 발표자에게 나타나는 첫 번째 증상이 눈에서 침착성이 사라지는 것이다. 그러면서 떨리고 목소리가 커지고 빨라진다.

나도 팀장님으로부터 질문을 받고 그의 두 눈을 정확히 응시하면서부터 안정감을 찾기 시작했다. 그때부터 다른 참가자들의 눈도 보이기 시작했다. 아이 컨택은 실전 프레젠테이션에서 사용할 수 있는 가장 강력한 도구다. 눈은 모든 것을 말해준다.

우수한 발표자의 첫 번째 조건은 '설득력 있는 눈'이다. 아이 컨택을 못하면, 나머지를 아무리 잘해도 소용이 없다. 청중과 'Talk with' 할 수 있고, 떨지 않을 수 있는 첫 번째 관문이 바로 아이 컨택이다. 청중 개개인의 두 눈을 보지 못하면, 당신의 눈에서 눈물이 나게 될 것이다.

Look-Smile-Talk로 시작하고
예스 토킹으로 진행하라

프레젠테이션이 시작되면 어찌해야 할 바를 모르고 당황하는 사람들이 많다. 아니, 자기소개도 제대로 못하고 입이 타 들어가는 사람도 있다. 왜 이런 현상이 생길까? 도대체 어디부터 보고 어떤 이야기부터 시작해야 할 지 모르기 때문이다. 프레젠테이션 교육을 할 때 자주 던지는 질문이 있다.

"프레젠테이션이 시작되면 어디부터 보면서 이야기해야 할까요?"

그러면 이런 대답이 돌아온다.

"청중이요."

"청중이 이렇게 많잖아요? 청중 어디요? 앞쪽, 중앙, 뒤쪽? 아니면 왼쪽? 어디요?"

"……."

"정 중앙에서 가장 멀리 떨어져 있는 사람의 두 눈을 보면서 이야기를 시작해야 합니다."

"왜 그렇게 해야 하죠?"

"맨 뒤에 있는 사람의 두 눈을 보면서 이야기를 시작하면, 목소리가 거기까지 들리는지 안 들리는지 판단할 수 있습니다. 그러면서 목소리의 크기를 조절하는 겁니다. 목소리가 안 들리면 정말 짜증나지 않겠어요? 이때 중요한 게 'Look-Smile-Talk' 입니다. **Look** 우선 정 중앙 맨 뒤에 있는 사람을 보고 아이 컨택을 합니다. 그 다음은 **Smile** 가볍게 미소를 짓습니다. 웃으면 프로의 이미지를 주지 않겠어요? 단 실적이 개판일 때는 웃지 마세요. 작살납니다. 그런 다음 **Talk** 평소 대화할 때처럼 '공기 반 소리 반'이 나올 수 있도록 자연스럽게 이야기를 하세요. 이때, 긴장한 사람들은 목소리가 평소보다 커져요. 서두르지 말고 침착하게 Look-Smile-Talk를 하면서 시작하세요. 아 참, 의사결정권자가 있을 때는 그 분부터 보면서 인사를 하세요. 그런 다음 맨 뒤에 있는 사람에게 시선을 옮기세요."

"아, 그렇군요. 그러고 보니 저도 어디를 봐야 할지 정말 난감했어요. 그럼, 그 다음은요?"

"청중 가운데에는 고개를 끄덕이며 이야기를 처음부터 열심히 들어주는 사람이 있어요. 그렇게 호의적으로 들어주는 사람을 찾아 시선을 옮겨가면 됩니다."

"그런데 왜 그래야 하죠?"

"아무래도 차갑게 째려보는 사람과 아이 컨택을 하면, 발표자도 힘이 빠지지 않겠어요. 왜, 원래 냉소적인 사람들 있잖아요? 그런 사람과 눈이 마주치면 왠지 신경이 쓰이잖아요. '내가 틀린 이야기를 하고 있나?' 하는 생각이 들게 되니까요."

"맞아요, 맞아! 저도 그랬어요. 그런 날은 처음부터 끝까지 엉망진창이었어요."

"긍정적이고 호의적으로 이야기를 들어 주는 사람에게 말을 걸어야 발표자도 자신감이 솟지 않겠어요? 그러면 그 이후의 프레젠테이션도 수월해지게 됩니다. 호의적인 사람부터 말을 걸면 집단역학Group Dynamics에서 나오는 아주 중요한 개념인데, 피어 프레셔Peer Pressure가 생겨요."

"피어 프레셔? 그게 뭐죠?"

"쉽게 말하면 '동료로부터의 압력'이 들어오는 거죠. 먼저 호의적인 사람들부터 아이 컨택을 하면 그 사람들이 점점 더 발표자의 말에 공감을 하고 동의를 하게 돼요. 고개를 끄덕이는 거죠. 그러면 째려보던 사람들도 바뀌기 시작해요. 옆의 동료들이 열심히 들으면 '아, 이거 들을 만한 내용인가? 나도 열심히 들어봐야지.' 하는 생각이 들게 되죠. 전반적으로 호의적인 분위기가 형성되면, 혼자 튀기 싫어하게 돼요. 다른 사람들로부터 비난을 받을까 봐서 말이죠. 그러면 프레젠테이션이 진행될수록 냉소적이던 사람도 호의적으로 바뀌게 됩니다. 그런 사람들은 그때부터 아이 컨택을 하며 설득해 가야 해요."

"아, 그렇군요. 아이 컨택에도 이런 요령이 있네요."

"자, 〈2-1〉의 그림처럼 맨 뒷사람을 보면서 이야기를 시작하세요. 그 뒤에는 호의적인 태도를 보이는 사람을 찾아 그 사람의 눈을 보며 말을 거세요. 그런 다음, 오른쪽 왼쪽으로 번갈아 가며 뒷사람부터 앞쪽으로

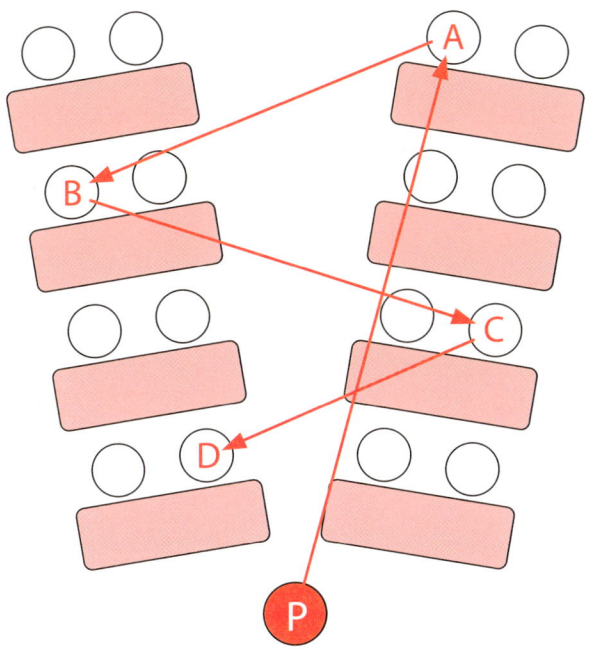

★ 〈2-1〉지그재그법 ★

아이 컨택을 하면서 이야기를 하면 돼요. 이걸 반복하다 보면 결국 청중 전원에게 이야기를 하게 되죠. 이게 바로 지그재그Zigzag 법이에요."

"아, 시선을 지그재그로 옮겨간다. 이 말이죠? 지그재그법을 이용하면 발표자와 청중은 항상 1:1의 관계가 되겠군요. 그러면 긴장하지 않고 자기 페이스를 조절할 수 있겠네요."

"그렇죠. 지그재그법은 청중 한 사람 한 사람에게 동의를 얻어가는 방법이라서, 미국에서는 예스 토킹Yes-talking이라고도 해요."

"아, 정말 그러네요. 그런데 시선을 바꾸는 타이밍은 어떻게 하면 되죠? 그것도 법칙이 있나요?"

"거꾸로 물어 보죠. 아이 컨택을 할 때, 한 사람을 얼마나 오래 바라보아야 할까요? 예를 들어 한 사람만 계속 보거나 너무 오래 보면 그 사람, 돌아버리겠죠? 시선이 너무 부담스러울 거예요. 그렇다고 한 사람을 보자마자 고개를 돌려 다른 사람을 보면, 그 사람은 긴장도 안 하겠죠? 집중도 못 할 테고요. 시선이 부담스럽지 않고 집중력도 유지하게 하려면 한 사람을 얼마나 오래 봐야 할까요?"

"글쎄요, 한 3초 정도?"

"에이, 발표자가 이야기를 하면서 1초, 2초, 3초 시간을 잴 수 있나요? 비즈니스맨은 그런 실현 불가능한 걸 생각하면 안돼요. 정답은 '한 사람에 한 문장One Sentence, One Person' 이예요."

"한 사람에 한 문장이라……."

"가급적 하나의 문장을 한 사람을 향해 이야기하는 거죠. 그런 다음, 시선을 바꿔 다른 사람을 보고 한 문장을 이야기하면 돼요. 간단하죠? 물론 문장이 길 때는 두 사람에게 시선을 나누어 이야기해도 돼요. 이때, 중요한 게 있어요. 시선을 바꿀 때는 절대 이야기를 하면 안 돼요. 그 이유는 '짬은 실전 프레젠테이션 최고의 화법이다' 부분에서 설명할게요. 자, 그럼 시범을 보이겠습니다."

"네."

"(한 사람과 아이 컨택을 하고) 오늘 제가 여러분께 말씀 드릴 내용은 세 가지입니다. (시선을 바꿔 다른 사람과 아이 컨택을 하고) 우선 첫 번째는 당면한 문제와 그에 따른 폐해 (지그재그로 시선을 바꿔 또 다른 사람과 아이 컨택을 하고) 두 번째는 그 문제의 해결책 (시선을 바꿔 다른 사람과 아이 컨택을 하고) 세 번째는 그에 따라 기대되는 성과, 이상 세 가지입니다."

"정말 대단하네요. 아이 컨택도 이렇게 구체적인 요령들이 있었군요."

지금까지의 이야기를 종합해보면 아이 컨택의 포인트는 다음과 같다.

① 그룹 전체에게 이야기하려 하지 않는다.
② 뒷줄 중앙의 사람에게 Look-Smile-Talk를 한다. 그러면서 목소리의 크기를 결정한다.
③ 이야기를 호의적으로 들어주는 사람을 찾아서 아이 컨택을 하고 하나의 문장을 이야기한다.
④ 지그재그로 또 다른 호의적인 사람을 찾아서 아이 컨택을 하고 하나의 또 다른 문장을 이야기한다.
⑤ 아무리 청중이 많아도 항상 1:1 커뮤니케이션을 한다.
⑥ 이야기를 하는 도중에는 항상 청중 중 누군가의 눈을 보아야 한다.
⑦ 시선을 바꿀 때는 절대 이야기를 해서는 안 된다.

다시 한 번 강조한다. 우수한 발표자가 되려면 무엇보다 눈에 설득력이 있어야 한다. 청중과 1:1로 아이 컨택을 하지 못하면 발표자의 눈에서 침착성이 사라진다. 그러면 발표자의 표정에서 자신감을 눈곱만큼도 찾을 수 없게 되고, 청중의 신뢰가 완전히 사라지고 만다.

앨버트 메라비언의 법칙에서 태도가 가장 영향을 많이 미친다고 했다.

태도 중에서도 그 으뜸이 눈이다.

상대방이 내 눈을 보지 않고 이야기하면 거짓말을 하거나 사기를 치는 것 같다. 연인들끼리도 데이트를 하다가 상대방이 거짓말 하고 있다는 생각이 들면 반드시 하는 이야기가 있다.

"내 눈 똑바로 보고 이야기 해 봐. 응?"

달달 외우려 하지 말고
Show-See-Speak를 몸에 익혀라

"발표자가 이야기를 할 때는 반드시 청중 중 한 사람과 눈을 마주쳐야 한다고 하셨잖아요? 그러면 스크린을 가리킬 수도 없고, 암기해서 해야 하나요?"

"자, 들어보세요. 우리는 민족중흥의 역사적 사명을 띠고 이 땅에 태어났다. 조상의 빛난 얼을 오늘에 되살려 안으로 자주독립의 자세를 확립하고 밖으로 인류공영에 이바지할 때다."

"어, 그건 국민교육헌장 아니에요?"

"여러분도 아세요? 우리 딸은 모르던데."

"외우지는 못해도 들으면 뭔지는 알아요."

"아, 그래요? 저는 초등학교 다닐 때 이걸 수없이 암기하고 반복했습니다. 그래서 지금까지도 외우고 있어요. 자동으로 나오죠. 어떻게 자동으로 나올까요? 초등학교 시절, 한글을 깨우치고 나서 6년 내내 암기하고 담임선생님께 검사를 받았던 것 같아요. 물론 뒷부분은 저도 까먹었어요."

"아, 그러셨군요."

"그렇죠. 시간이 흘러도 어떤 상황에서나 똑같이 반복할 수 있는 건 암기하면 돼요. 그러면 절대 안 까먹지요. 그런데 프레젠테이션은 아니에요. 〈나는 가수다〉라는 프로그램 아시죠? 정말 쟁쟁한 프로가수들인데도 경연 때마다 엄청 긴장하고 떨잖아요. 왜 그럴까요?"

"그거야, 그러니까……."

"두 가지 이유가 있어요. 첫째, 노래마다 장르가 다르잖아요. 그래서 서로 비교하고 평가할 수 없는 건데, 순위를 매기잖아요? 청중평가단으로부터 평가를 받으니 긴장하는 거예요. 다들 한 가닥 하고, 대중적인 인기를 누리는 분들인데도 무대가 끝나면 가슴을 쓸어내리잖아요. 둘째, 자기 노래가 아닌 걸 라이브로 불러서 그래요. 자기 노래는 녹음하기 전에 수천 번을 부르거든요. 가사뿐만 아니라 음색, 호흡, 감정 그리고 청중의 반응까지 모든 걸 감안하면서 연습하거든요. 그러니 떨리지 않는 거예요. 그런데 〈나는 가수다〉에서는 2주 만에 다른 가수의 곡을 편곡해서 불러야 하잖아요. 그래서 떨리는 거예요. 실제로 경연 도중에 가사를 까먹거나 음 이탈을 하는 이유가 그거예요."

"이야기를 들어보니 그런 것 같네요."

"나도 프레젠테이션에 대해 아무것도 몰랐을 때는 암기해서 해야 하는 줄 알았어요. 태어나서 처음 프레젠테이션 할 때는 일주일 전부터 준비했어요. 프레젠테이션 할 자료를 인쇄한 다음, 여백에다 내가 해야 할 말을 모두 적었어요. 그러고 나서 일주일 동안 몽땅 암기했어요. 다른 일은 팽개치고 일주일 내내 그것만 외웠어요. 그리고 수없이 반복하고 테스트했죠. 내가 기획한 걸 처음으로 상사들 앞에서 평가 받는 자리였기 때문에 정말 잘 하고 싶었어요."

"일주일씩이나, 정말 잘하셨겠네요?"

"아니요. 프레젠테이션 장에 서자마자 아무것도 생각이 안 났어요. 더 기가 막힌 건, 정신을 차리고 어느 정도 하고 있는데, 갑자기 그 다음 말이 전혀 생각나지 않더라고요. 누가 내 머리를 망치로 때린 줄 알았어요. 말문이 꽉 막혔죠. 그때부터 지옥이었어요. 내가 무슨 말을 하는지, 나 스스로도 전혀 모르겠더라고요. 개망신이었죠. 결국 암기한 내용의 절반도 이야기하지 못하고 내려왔어요."

"이제 알겠네요. 그럼 스크린이나 노트북의 슬라이드를 보고 읽으면 되겠네요?"

"5년 전인가요? 한 건설회사에 부회장님이 새로 부임했어요. 그분이 경영을 시작하면서 각 부문의 임원들로부터 업무보고를 받으셨죠. 임원들이 그분에게 처음으로 프레젠테이션을 하는 자리였던 거예요. 그런데 그 자리에서 짜증이 나셨나 봐요. 임원들이 다들 자기 부하직원들이 작성한 자료를 스크린에 띄우고 쳐다보면서 읽었기 때문이에요. 그때 그 부회장님이 한 마디 하셨죠. '부하들이 작성한 자료를 들고 와서 읽으시려면 제가 뭐 하러 프레젠테이션을 해 달라고 합니까? 그냥 제가 혼자서 읽으면 되지.' 그러고는 바로 저한테 임원들 프레젠테이션 교육을 해달라고 연락을 하셨어요. 발표자는 절대 스크린이나 노트북을 보고 읽으면

★ 〈2-2〉 Show - see - Speak의 테크닉 ★

안 됩니다. 천장이나 벽을 보고 이야기해서는 더더욱 안 되고요. 발표자는 이야기 할 때 항상 청중 누군가의 눈을 보고 있어야 합니다."

"암기해도 안 되고, 노트북이나 스크린을 보고 이야기해도 안 된다면 어떻게 해야 되죠?"

"그래서 발표자는 Show-See-Speak의 테크닉을 마스터해야 합니다."

"Show-See-Speak. 그게 뭐죠?"

그림 〈2-2〉와 같이 Show 먼저 청중에게 스크린을 보여준다. 발표자가 청중 중 누군가를 보고 프레젠테이션을 하다가 이야기를 멈추고 몸을 돌려서 스크린을 쳐다본다. 그러면 청중의 시선이 발표자에게서 스크린으로 이동한다. 이때, 발표자는 스크린을 보면서 자신이 이야기할 내용을 머릿속에 정리한다. See 다시 몸을 돌려 청중 중 누군가의 두 눈을 본다. 누군가와 아이 컨택 할 때까지 발표자는 절대 말을 시작해서는 안 된다. Speak 아이 컨택한 청중을 향해 이야기를 한다. 이것이 Show-See-Speak 의 테크닉이다.

예를 들어 보자. 76쪽 표 〈2-3〉의 프레젠테이션 슬라이드의 제목은 '안정적인 시스템 운영을 위한 A 서버 구입 방안'이다.

"(청중 한 명과 아이 컨택을 하고) 먼저 목차를 설명 드리겠습니다. (시선을 돌려 다른 사람을 본다. 이때 절대 말을 해서는 안 된다. 그 사람과 아이 컨택을 하고) 첫 번째는 (Show 몸을 돌려 스크린의 첫 번째 목차를 본다. See 그런 다음, 몸을 돌려 또 다른 사람과 아이 컨택을 한다. 그런 다음 Speak) 본 제안의 전체적인 오버뷰에 대해 설명 드리겠습니다. (시선을 바꿔 다른 사람을 보고) 두 번째는 (Show 몸을 돌려 스크린의 두 번

목차

1. Overview
2. 현재 시스템의 현황과 문제점
3. 서버 구입 후 시스템 변경 방안
4. 시스템 변경에 따른 기대효과
5. 서버 구입 전후 비교
6. A 서버 구입비용 및 견적서

째 목차를 본다. See 다시 몸을 돌려 또 다른 사람과 아이 컨택을 한다. 그런 다음 Speak) 현재 시스템의 현황과 문제점에 대해 보고 드리겠습니다. (시선을 바꿔 다른 사람과 아이 컨택을 하고) 세 번째는 (Show 몸을 돌려 스크린의 세 번째 목차를 본다. See 다시 청중 중 누군가와 아이 컨택을 한다. 그런 다음 Speak) 서버를 구입한 후 시스템을 어떻게 변경할지, 그 방안에 대해서 설명 드리겠습니다. (시선을 바꿔 다른 사람과 아이 컨택을 하고) 네 번째는 (Show 몸을 돌려 스크린의 네 번째 목차를 본다. See 또 다시 청중 누군가와 아이 컨택을 한다. 그런 다음 Speak) 시스템 변경에 따른 기대효과에 대해서 (시선을 바꿔 다른 사람을 보고) 다섯 번째는 (Show 몸을 돌려 스크린을 본다. See 그런 다음 청중 누군가와 아이 컨택을 한다 그런 다음 Speak) 서버를 구입하기 전과 구입한 후의 시스템 성능을 구체적으로 비교해드리도록 하겠습니다. (시선을 바꿔 다른 사람을 보고) 마지막으로 (Show 몸을 돌려 스크린을 가리킨다. See 다시 몸을 돌려 청중 누군가와 아이 컨택을 한다. 그런 다음 Speak) A 서버 구입비용과 견적서 내용을 말씀드리겠습니다. (또 다른 사람과 아이 컨택을 하고) 이상 여섯 가지입니다. (시선을 바꿔 다른 사람과 아이 컨택을 하고) 그럼 먼저 이번 제안의 전체적인 오버뷰에 대해 설명 드리겠습니다."

이와 같은 방식으로 Show-See-Speak를 한다. 이때 중요한 것은 Show를 하면서 형식적으로 몸만 돌리는 게 아니라 스크린의 내용을 정확하게 머릿속에 넣어야 한다는 점이다.

Show-See-Speak는 생각보다 몸에 익히기 쉽지 않은 테크닉이다. 특히 Show를 하면서 스크린의 글을 보며 내용을 파악하는 일이 쉽지 않다. 그러나 몸에 배면 Show를 하면서 순식간에 글을 보고 내용을 이해할 수 있다.

회사 다닐 때, 퇴근하고 집에 돌아와서 매일 한 시간씩 거울을 보며 연습했던 기억이 난다. 프레젠테이션 리허설을 할 때도 회의실에서 혼자 연습을 했다. 왜냐하면 선배들이 아무도 도와주지 않았기 때문이다. 종이컵들에 눈을 그리고, 회의실 테이블 위 이곳저곳에 배치해 놓았다. 종이컵들에 그려진 눈을 청중 삼아 Look-Smile-Talk와 예스 토킹, Show-See-Speak가 몸에 밸 때까지 연습했다. 남들이 봤다면 미쳤다고 했을 것이다. 아니 그때는 미쳐 있었다. 너무도 간절했기 때문이다. 그 후 실전 경험을 쌓으며 테크닉들을 완벽히 몸에 익혔다. 이 테크닉이 몸에 배기만 하면, 신기한 체험을 할 수 있다. 처음 보는 자료라 할지라도, 3분의 시간만 주면 그 자료를 작성한 사람보다 훨씬 잘 할 수 있다.

패자는 말이 없어야 한다. 패자는 프로의 세계에서 동정을 받고 위로를 받아야 할 입장이 아니다. 비난을 받아 마땅한 자리다. 패배의 쓰라림을 맛보았다면 그 다음 날부터 연습에 들어가야 한다.

짧은 실전 프레젠테이션
최고의 화법이다

'이상하다. 왜 이렇게 산만하지? 내 말을 아무도 듣지 않는 것 같네.'

'저 인간은 왜 아까부터 졸고 있지? 어제 술 마셨나?'

'저 친구는 왜 핸드아웃 자료만 보고 있지?'

'어, 저 사람은 필기만 하고 있네. 혹시 낙서하고 있는 거 아냐?'

'저 쪽 두 사람은 아까부터 계속 떠드네. 정말 신경 쓰여.'

아이 컨택을 어느 정도 연마한 다음부터 나타난 현상이다. 아이 컨택을 하면서 1:1 커뮤니케이션을 하려고 노력했더니, 프레젠테이션 장에서 청중이 무얼 하고 있는지 조금씩 보이기 시작했다. 프레젠테이션에 대해 아무것도 몰랐을 때는 전혀 보이지 않던 현상들이다. 아이 컨택만 제대로 하면 모든 게 해결될 줄 알았는데, 청중의 모습 하나 하나에 신경이 쓰이기 시작했다. '산 넘어 산' 이었다.

'정말 짜증나네. 가서 쥐어박을 수도 없고.'

프레젠테이션을 할 때, 언제 어디서나 청중을 곧바로 집중시킬 수 있는 방법이 딱 한 가지 있다. 그게 무엇일까? 강의할 때, 이런 질문을 던지면 대부분의 사람들이 "질문이요."라고 답한다. 물론 질문도 주의를 집중시킬 수 있는 강력한 방법임에 틀림없다. 그러나 질문에는 타이밍이 있다. 언제 어느 때나 질문을 던질 수는 없다. 또 프레젠테이션 실력을 웬만큼 갖추기 전에는 청중에게 질문을 던지는 일 자체가 무척 어렵다. 그렇다면 언제 어느 때라도 청중을 집중시킬 수 있는 방법은 도대체 무엇일까?

바로 '침묵'이다. 침묵보다 주의를 집중시킬 수 있는 좋은 방법은 없다. 경험이 부족한 사람일수록, 앞에 서면 계속 이야기를 해야 하는 줄로 착각한다. 그건 잘못된 생각이다. 프레젠테이션을 하다가 청중의 주의가 산만해지고 떠드는 사람들이 있으면, 잠시 멈추고 아무 이야기도 하지 않으면 된다. 침묵이 흐르면, 불안해하는 쪽은 청중이다.

'어, 쟤가 왜 한 마디도 안 하지?'

침묵이 흐르니 발표자를 쳐다본다. 떠드는 사람의 목소리는 침묵 때문에 더욱 부각된다. 그러면 옆의 동료들이 째려본다. 피어 프레셔가 작용하는 것이다. 그러면 조용해진다. 딴전을 피우거나 낙서하던 사람들도 쳐다본다. 다시 말하지만, 침묵보다 일순간에 주의를 집중시키는 좋은 방법은 없다.

프레젠테이션을 할 때, 잠시 침묵하는 것을 우리말로 '짬'이라고 한다. 앞으로는 짬이라고 하겠다. 짬을 활용하는 방법에도 여섯 가지가 있다.

① 구두점으로서의 짬

② 강조하기 위한 짬

③ 깊이 생각하게 하기 위한 짬

④ 결론을 위한 짬

⑤ 클라이맥스를 위한 짬

⑥ 유머를 위한 짬

첫 번째, 구두점으로서의 짬이다. 구두점이란 글을 마치거나 쉴 때 찍는 마침표와 쉼표를 말한다. 긴 글을 읽을 때, 쉼표나 마침표가 없으면 이해하기가 어렵다. 말도 마찬가지다. 마침표나 쉼표가 있어야 청중이 쉽게 이해할 수 있다. 앞에서 아이 컨택을 하면서 시선을 옮길 때는 절대 이야기를 해서는 안 된다고 했다. 시선을 바꾸는 동안 이야기를 하지 않고 짬을 두면 청중은 발표자의 이야기를 쉽게 이해할 수 있다. 이것이 구두점으로서의 짬이다. Show-See-Speak를 할 때도 Show를 하고 나서 See 즉, 청중 중 누군가의 눈을 볼 때까지 절대 말을 해서는 안 된다고 했다. 이것 역시 구두점으로서의 짬이다. 이렇게 하면 청중은 발표자의 말을 보다 쉽게 이해할 수 있고 편안하게 들을 수 있다.

두 번째, 강조하기 위한 짬이다. 발표자가 10~30분에 걸쳐 프레젠테이션을 하다 보면 엄청난 양의 정보를 쏟아내게 된다. 그러면 청중은 발표자가 무엇을 강조하고 있는지 파악하기 쉽지 않다. 따라서 발표자는 청중에게 강조하고자 하는 메시지를 전달하기 전에 짬을 두어야 한다. 짬을 두어 주의를 집중시킨 후에 강조하려는 메시지를 전달해야 한다. 그래야 그 메시지가 청중의 머릿속에 강렬하게 전달된다.

세 번째, 깊이 생각하게 하기 위한 짬이다. 인간은 누구나 논리적이다. 다만 정도의 차이가 있을 뿐이다. 깊이 생각하게 하기 위한 짬은 인간이 논리적이라는 점을 이용하는 장치다. A, B, C의 순서대로 논리가 진행된다고 하자. 발표자가 A를 이야기 하고 잠시 짬을 두면 청중은 논리적으로 생각을 한다. '다음 이야기는 B일 것이다.' 짬을 두면서 B일 것이라는 예측을 하게 한 후, 발표자가 B를 이야기한다. 예를 들어 연역추리인 삼단논법을 설명할 때 "사람은 모두 죽는다." 하고 이야기를 하면, 청중은 예측을 한다. 그 다음 이야기는 '소크라테스는 사람이다.' 일 것이다. 이때 "소크라테스는 사람이다." 하고 이야기를 하면 된다. 그러면 청중은 자연스럽게 프레젠테이션에 적극적으로 참여하게 된다. 생각을 하며 적극적으로 참여하는 것이다. 이것이 바로 혼자 이야기 하면서 청중과 'Talk with' 하는 방법이다. 청중을 생각하게 만들지 못하는 발표자는 '빵점짜리' 다. 짬을 이용해 청중을 생각하게 만들고 프레젠테이션에 참여시키자.

네 번째, 결론을 위한 짬이다. 프레젠테이션에서 결론보다 중요한 것은 없다. 결론은 짬을 두고 청중을 집중시킨 뒤에 진술해야 한다. 그러면 결론이 청중의 뇌리에 확실하게 전달될 것이다.

다섯 번째, 클라이맥스를 위한 짬이다. 예를 들어 신제품 설명회를 할 때, 호기심을 자극하면서 프레젠테이션을 하다가 신제품을 발표하기 직전에 짬을 두는 것이다. 그러면 신제품에 대한 청중의 기대를 절정에 이르게 할 수 있다. TV에서도 사회자가 대상을 발표할 때 한참 동안 뜸을 들이지 않는가?

여섯 번째, 유머를 위한 짬이다. 프레젠테이션에서 청중으로부터 자연스럽게 웃음을 유발할 수 있다면 그 보다 바람직한 것은 없을 것이다. 유머를 위한 짬은 바로 뒤에 이어서 설명하겠다.

프레젠테이션이 시작되면, 청중은 발표자를 쳐다본다. 그러나 눈으로는 보고 있어도 말은 듣지 않는 경우가 많다. 쳐다보면서 이야기를 듣고 있는 척하고 있을 뿐이다. 발표자의 말을 들을 것인가 말 것인가? 그것은 청중이 결정할 일이지, 발표자에게 그것을 결정할 권리는 없다. '짬'이 그 해답이다.

반기대법으로
유머를 발휘하라

남들도 모르게 서성이다 울었지

지나온 일들이 가슴에 사무쳐…….

흰 눈 나리면 들판에 서성이다

옛 사랑 생각에 그 길 찾아가지

광화문 거리 흰 눈에 덮여가고

하얀 눈 하늘 높이 자꾸 올라가네

80~90년대의 별밤지기. 가수 이문세의 노래 '옛사랑'이다. 독백하는 듯한 노랫말, 저음의 편안한 음색이 지나간 사랑의 추억을 떠올리게 만드는 노래다. 그런데 얼마 전부터 이 노래를 들으면 가짜 이문세 '안웅기'가 떠오른다. 그리곤 웃음이 절로 나온다. 이문세 특유의 담담한 톤으로 읊조리는 목소리. 눈을 감고 들으면 이문세보다 오히려 이문세스럽다.

안웅기가 누구일까? 잘 모르는 사람들도 있을 것이다. 그는 JTBC 〈히든싱어〉 왕중왕전에서 우승한 이문세의 모창 가수다. 얼굴 생김새는 이문세와 달리 네모 모양에 가깝다. 이문세의 긴 코, 즉 길고 커다란 터널에서 나오는 목소리도 전혀 나올 것 같지 않은 생김새다. 그러나 안웅기는 이문세의 도플갱어다. 목소리가 너무도 똑같다. 아니 이제는 안웅기가 부르는 '옛사랑'이 더욱 더 이문세의 '옛사랑'처럼 들린다.

〈히든싱어〉 왕중왕전에서 '옛사랑'을 부른 후, MC 전현무와 안웅기의 대화를 잠깐 살펴보자. 무대가 끝난 뒤의 반응은 감동 그 자체였다.

"여러분 가짜 이문세, 안웅기 씨였습니다. 자, 아직 결승전도 아닌데 기립박수가 나왔습니다. 아니, 어쩌면 이 외모에서 그런 목소리가 나오죠? 정말 이문세 씨와 도플갱어입니다. 그런데 이 매력적인 안웅기 씨가 아직 솔로라고 합니다. 여러분 안웅기 씨가 솔로 탈출을 위해 준비한 감미로운 노래들이 있다고 합니다."

"네, 들려 드릴게요."

"자, 매력적인 남자 안웅기 씨의 이문세 메들리입니다."

곧이어 이문세의 '광화문 연가'가 이어진다.

"이제 모두 세월 따라 흔적도 없이 변하였지만……."

관객들은 또 한 번 놀란다. 이문세와 너무 똑같아서다. 그런데 갑자기 그가 노래를 중단하고 한 마디 하자, 객석에서 웃음이 터졌다.

"반응이 너무 좋아서 안 되겠네요. 다른 노래 불러야겠어요."

뒤이어 이문세의 '사랑이 지나가면'을 부른다. 마치고 나니 관객들은 환호성이다.

"네, 얼마 전에 열린 이문세 씨 콘서트에 못 가신 분들이 계시다면 이 무대로 충분할 것 같네요."

객석에 있던 개그맨 장동혁도 한 마디 거든다.

"저기, 오늘 가장 큰 반전 매력 같아요. 왜냐하면 다들 공감하시겠지만 노래하실 때 지그시 눈을 감고 있으면 눈물이 나거든요. 눈을 뜨는 순간 웃음이 나고, 이거야말로 반전 같아요."

"그래요. 사실 눈 감고 들어야 제 맛이긴 합니다. 왜냐하면 외모랑 너무 안 맞잖아요? 본인이 생각해도."

"전현무 씨 깐족 진행은 여전하네요. 본인 얼굴도 훌륭한 편은 아닌데. 허허."

모창도 훌륭하지만 MC 전현무와의 대화에서도 웃음이 넘쳐 난다.

웃음을 유발하는 메커니즘이 무엇일까? 한동안 웃음을 유발하는 메커니즘에 대해 연구한 적이 있었다. 개그 프로그램과 토크쇼를 녹화해서 3개월 동안 분석을 했다.

'도대체 저 사람들은 어떻게 저렇게 말을 잘 할까? 시청자들이 왜 저렇게 웃을까?'

3개월 동안의 끈질긴(?) 연구 끝에 그 메커니즘을 찾아냈다. 나는 이것을 '반反기대법'으로 명명하였다. 반기대법은 청중의 기대에 반하게 만드는 화법이다. 청중의 기대, 즉 예상을 뒤엎어버리는 화법이다. 반전 화법이라고도 할 수 있다.

안웅기와 전현무의 대화에서도 청중의 기대에 반전을 이룬 부분에서는 여지없이 웃음이 터졌다. 압권은 안웅기가 이문세의 '사랑이 지나가면' 두 소절을 부른 뒤, 관객들이 환호하자 곧바로 노래를 그만두고 반전을 일으킨 부분이다. 이것이 반기대법이다.

프레젠테이션 할 때, 의사결정권자와 청중을 자연스럽게 웃게 만들 수 있다면 그 프레젠테이션은 성공한 것이나 다름없다. 나 역시 프레젠테이션을 하기 전에 유머를 열심히 준비한 적이 많았다. 그런데 그렇게 심혈을 기울여 준비한 유머를 던졌는데 청중들이 웃질 않았다. 왜 안 웃었을까? 프레젠테이션이 끝나면 항상 그것이 의문이었다. 한 번은 프레젠테이션에 참가한 동료에게 물어 본 적이 있었다.

"서 대리, 아까 프레젠테이션 중간에 내가 이런저런 이야기할 때 재미있지 않았니?"

"네가 그런 이야기를 했었어? 난 몰랐는데."

"내가 아까 이런 내용을 이러저러하게 이야기 했잖아?"

"하하, 그거 재미있는데? 아까는 네가 그런 이야기 한 지도 몰랐어."

청중이 웃지 않는 가장 큰 이유는 그들이 내 이야기를 듣고 있지 않기 때문이다. 프레젠테이션을 할 때, 청중이 내 이야기를 처음부터 끝까지 다 들어줄 거라고 생각하면 큰 착각이다. 듣게 만들어야 한다. 그렇게 하기 위해서는 짬을 두고 청중을 집중시킨 후에 유머를 던져야 한다. 그래야 청중 모두가 한꺼번에 웃는다. 짬을 두지 않고 유머를 던지면, 열심히 듣고 있던 청중만 웃는다. 그럴 때, 안 듣고 있던 사람들이 문제를 일으킨다. 꼭 옆 사람에게 물어본다.

"야, 쟤가 뭐라고 했는데 그렇게 웃었니?"

이런 식으로 두 사람의 대화가 시작되는 모습을 보면, 불현듯 발표자의 머릿속에 '내가 뭐 실수했나?' 하는 생각이 스쳐 지나간다. 그때부터 프레젠테이션을 망치는 사람도 있다. 유머를 던지기 전에는 짬을 두고 청중 전원을 집중시킨 후 던져야 한다. 이것이 짬의 여섯 번째 활용법인 '유머를 위한 짬'이다.

청중의 기대에 반하게 만들려면 반드시 선행되어야 할 것이 하나 있다. 바로 청중의 기대다. 청중을 기대하게 만들지 못하면 반전도 없다. 청중을 기대하게 만들려면 반드시 짬을 두어야 한다. 이것 역시 인간은 누구나 논리적이라는 속성을 이용하는 것이다. 발표자가 A라는 이야기를 하고 잠시 짬을 두면, 청중은 논리적으로 그 다음 이야기가 B일 것이라고 예측, 즉 기대를 한다. 이때 웃음을 유발하고 싶으면 B를 이야기하지 않고 새로운 관점에서 이야기 하면 된다. 그러면 청중은 자기가 생각한 것과 다른 예상 밖의 이야기에 웃음을 터뜨린다.

"유머와 위트의 차이가 뭘까요?"

강의할 때 종종 던지는 질문이다. 유머는 철저한 사전준비를 거쳐 나오는 것이고, 위트는 즉흥적으로 나오는 것이다. 사실 비즈니스 프레젠테이션을 할 때는 유머를 준비하기가 힘들다. 기술적인 내용이나 실적에 대해 프레젠테이션 할 때, 그 내용과 관련 지어 유머를 준비하는 일은 무척이나 어렵다. 게다가 내용과 관련 없는 유머를 던져서는 안 된다. 따라서 실전 프레젠테이션에서는 유머보다 위트를 발휘하는 게 좋다. 프레젠테이션 장에서 즉흥적으로 나오는 위트가 청중의 웃음을 더 자연스럽게 유발할 수 있기 때문이다.

프레젠테이션 장에서 위트를 발휘하는 것 역시 쉬운 일은 아니다. 위트를 발휘하기 위해서는 선행조건이 필요하기 때문이다. 발표자가 청중과 상호 교류를 하지 않으면 절대 위트를 발휘할 수 없다. 즉, 쌍방향 커뮤니케이션을 해야 위트를 발휘할 수 있다.

쌍방향 커뮤니케이션을 하면서 위트를 발휘할 수 있는 상황은 세 가지다.

첫째, 청중을 생각하게 만들어야 한다. 즉 청중에게 기대가 생겼을 때다. 그런 다음, 앞서 설명한 반기대법으로 치고 나가면 된다.

둘째, 청중과 질문을 주고받거나 의견을 나눌 때다. 1984년 미 대선 TV 토론회에서 먼데일 후보가 레이건에게 대통령 직을 수행하기에는 나이가 너무 많다고 공격하자, 레이건 대통령은 한 마디로 상황을 반전시켰다.

"나는 당신이 너무 젊고 경험이 없다는 점을 문제 삼지 않겠습니다."

셋째, 예기치 못한 돌발상황이 발생했을 때 위트를 발휘할 수 있다. 프레젠테이션을 하고 있는데 갑자기 음악 소리가 울려 퍼진 적이 있다. 휴대전화에서 흘러나온 벨소리였다. 그 참가자는 당황하며 얼른 전화를 끄는 동작을 취하고 있었다. 청중의 부정적인 시선이 모두 그쪽으로 쏠렸다. 그때 그 참가자의 무안한 마음을 달래고 상황을 반전시키기 위해 한마디 했다.

"감사합니다. 정말 다양한 프레젠테이션 환경을 제공해 주시네요."

발문법은 발표자의
가장 강력한 무기다

"당신이 전차기관사이고, 시속 100킬로미터로 질주하는 철로 위에 있다고 가정해 보자. 저 앞에 인부 다섯 명이 작업도구를 들고 철로에 서 있다. 전차를 멈추려 했지만 불가능하다. 브레이크가 말을 듣지 않는다. 이 속도로 다섯 명의 인부를 들이받으면 모두 죽고 만다는 사실을 알기에 필사적인 심정이 된다. 이때 오른쪽에 있는 비상 철로가 당신의 눈에 들어온다. 그곳에도 인부가 있지만 한 명 뿐이다. 전차를 비상 철로로 돌리면 인부 한 사람이 죽는 대신, 다섯 사람이 살 수 있다. 당신이라면 어떻게 하겠는가?"

《정의란 무엇인가?》의 저자 마이클 샌델 교수는 늘 이런 식으로 학생들에게 화두를 제공하고 수업에 들어간다. 이러한 질문은 학생들의 사고를 촉진시키고, 수업에 적극적으로 참여하게 만든다. 즉, 쌍방향 커뮤니케이션을 하게 되는 것이다.

"도덕적으로 살인을 해야 할 때도 있는가?"

"진실을 말하는 것이 잘못일 때도 있는가?"

"정부는 부자에게 많은 세금을 부과해서 가난한 사람을 도와주어야 하는가?"

샌델 교수는 끊임없이 학생들에게 질문을 던진다. 학생들은 그 질문에 자극을 받아 자신의 의견을 개진하고, 다른 사람의 반론을 청취한다. 수업에 적극적으로 관여하면서 자신의 사고를 발전시켜 나간다. 한 학생은 "샌델 교수의 강의실에 앉아 있으면, 마치 수천 년 전 그리스의 아테네 학당에 와 있는 듯한 착각이 든다."고 말할 정도다.

물론 비즈니스 프레젠테이션은 강의가 아니다. 샌델 교수처럼 끊임없이 질문을 던지고 청중의 의견을 청취할 수는 없다. 그렇게 하다가는 제시간 내에 끝내기는커녕 상사로부터 질책만 받을 것이다.

"길 대리, 너 지금 뭐 하는 거냐? 지금 우리 인내심 테스트하는 거야?"

그럼에도 불구하고 발문법은 청중을 프레젠테이션에 적극적으로 참여시키고, 쌍방향 커뮤니케이션을 가능하게 만드는 강력한 도구임에 틀림없다. 발표자가 질문을 던지면 청중은 긴장하기 마련이다. 이러한 긴장 상태를 뇌과학에서는 '적정한 긴장Optimum Tension'이라고 한다. 우리의 두뇌는 적당한 압박을 좋아한다.

학생 시절, 시험 보기 전날 당일치기 들어가면 항상 느끼는 게 있다.

'내 머리가 이렇게 좋았구나! 이렇게 팍팍 돌아갈 줄은 나도 몰랐네.'

절박함을 느끼는 만큼 두뇌가 잘 돌아간다는 것이 뇌과학의 결론이다. 또 우리 두뇌에는 '작업 흥분'이라는 신비로운 기능이 있다고 한다. 새로운 변화가 일어났을 때, 우리의 두뇌는 두렵고 불안해서 가볍게 반발하기도 하지만, 동시에 새로운 것에 대한 호기심도 크게 작용한다. 이것이 작업 흥분 기능이다.

발표자가 질문을 구사하면 청중은 적정한 긴장 상태에 들어가서 작업 흥분 기능이 작용한다. '혹시 나한테 물어 보는 거 아냐? 어쩌지, 내가 제대로 답변할 수 있을까?' 하는 불안감을 느끼는 동시에 '질문의 답이 이거 아닐까? 과연 무엇일까?' 하는 호기심도 작용한다.

질문을 던지는 방법에는 크게 두 가지가 있다. '전체 질문'과 '지적 질문'이다. 전체 질문은 말 그대로 청중 전체에게 던지는 질문이다. 이에 비해 지적 질문은 청중 한 명에게만 던지는 질문을 말한다. 이 두 가지 질문을 구사할 때도 요령이 있다.

전체 질문을 던질 때는, 질문을 하고 나서 답이 나올 때까지 기다려야 한다. 왜 답이 나올 때까지 기다려야 할까? 그래야 청중을 프레젠테이션에 적극적으로 참여시킬 수 있기 때문이다.

청중으로부터 답이 나오지 않고 침묵이 흐르면 불안해하는 경우가 있다. 걱정하지 마라. 침묵은 발표자의 편이다. 침묵이 흐르면 아무 말도 하지 말고 청중 중 세 명 정도와 아이 컨택을 하라. 그러면 침묵이 흐르는 것을 견디지 못하는 청중이 나타날 것이다. 어디선가 모기만한 소리로 답이 나올 것이다. 설령 그 사람의 목소리가 잘 들리지 않더라도 상관없다. 모기만한 소리가 나는 쪽을 향해 "그렇죠. 바로 그겁니다." 하며 자신이 하고 싶은 말을 꺼내며 진행하면 된다. 그런 식으로 청중을 프레젠테이션 장으로 계속 끌어들여야 한다. 특히 첫 번째 전체 질문을 던졌을 때는 반드시 답을 기다려라. 첫 번째 질문의 답을 기다리지 않으면 청중은 수동적으로 변하고 만다.

지적 질문을 할 때는 세 가지가 중요하다.

첫째, 반드시 성명을 먼저 거명하고 질문을 구사해야 한다.

"서영춘 대리님, 이 시스템을 도입하면 어떤 효과가 있다고 생각하십니까?"

그래야 질문을 받는 사람이 집중해서 들을 수 있고 성의 있게 답변할 수 있다. 만약 "이 시스템을 도입하면 어떤 효과가 있을까요, 서영춘 대리님?" 하고 질문을 던지면 이런 답변이 돌아올 것이다.

"질문이 뭐였죠?"

앞에서 강조했다. 발표자의 말을 들을지 말지 결정하는 것은 청중이지 발표자가 아니다.

둘째, 지적 질문을 구사할 때 청중의 이름을 모르면, 반드시 먼저 정중하게 이름을 물어 본 다음에 질문을 구사해야 한다. 왜냐하면 프레젠테이션 상황에서는 반드시 청중에게 예의를 갖추어야 하기 때문이다.

"저 뒤에서 두 번째 사람, 저 쪽 파란 티셔츠 입은 사람, 그 옆 사람."

이런 식으로는 예의를 갖출 수 없다. 그건 학교 다닐 때 선생님들께서나 쓰시던 방법이다. 선생님의 가르침은 정말 무섭다. 회사에 들어와서까지 선생님을 그대로 따라 하는 발표자들을 가끔씩 목격하기 때문이다.

셋째, 지적 질문은 가까이 있는 사람에게 구사해야 한다. 가까이 있는 사람은 아이 컨택을 확실하게 할 수 있기 때문에 장악하기가 쉽다. 멀리 떨어져 있는 사람에게 질문을 던지면 통제가 잘 안 되기 때문에 이상한 답변이 나올 확률이 높다. 가까이 있는 사람을 장악해서 멀리 떨어져 있는 사람에게까지 피어 프레셔가 전달되도록 해야 한다.

질문을 던질 때는 전체 질문과 지적 질문을 잘 조율해야 한다. 지적 질문만 계속 던지면 질문을 받지 않은 청중이 수동적으로 변한다. 질문은 발표자의 강력한 무기다. 질문을 활용해 청중의 두뇌를 작업 흥분 상태로 만들어라.

비판은 수사적 질문으로
원천 봉쇄하라

"프레젠테이션이 너무 단조롭고 지루하다."

"프레젠테이션만 하면 상사들이 비판을 하려고 든다."

"청중에게 질문을 던지는 것이 너무 힘들다."

앞에서 질문이 발표자의 강력한 무기라고 했다. 그러나 경험이 별로 없는 사람이 청중에게 질문을 구사한다는 건 생각보다 쉬운 일이 아니다. 그런 사람들을 위해 또 하나의 방법을 소개한다. 바로 수사적 질문 Rhetorical question 이다.

수사적 질문은 '답을 기대하지 않는 자문자답 형태의 질문'을 말한다. 즉, 자신이 묻고 자신이 답을 하는 질문이다. 수사修辭의 뜻을 국어사전에서 찾아보면, '말이나 글을 다듬고 꾸며서 보다 아름답고 정연하게 하는 일 또는 그런 기술'이라고 나와 있다. 따라서 수사적 질문이란 프레젠테이션이 단조롭고 변화 없이 진행되어 가는 것을 막기 위해서 구사하는

'답을 기대하지 않는 질문' 을 뜻한다.

프레젠테이션을 할 때는 추측형 표현을 사용하면 안 된다. 추측형 표현이란 '~인 듯하다.' '~인 것 같다.' 로 끝나는 문장이다. 그런 표현으로는 청중의 신뢰를 얻을 수 없다. 프레젠테이션에서는 '~이다.' '~합니다.' 와 같은 단정형 표현을 주로 사용해야 한다. 그런데 너무 단정형 표현만 사용하면 아래와 같이 된다.

"역세권도 아니고 대형 유통업체가 운영하는 곳이 아님에도 불구하고, 불황 속에서 해마다 두 자릿수로 성장해 8년 만에 매출이 10배 늘어난 쇼핑몰이 '하이브랜드' 입니다."

시종일관 이런 식으로 단정형 표현만 사용하면, 프레젠테이션이 단조롭고 지루해진다. 프레젠테이션에는 변화가 있어야 한다. 그래야 청중이 발표자의 이야기에 집중할 수 있다. 앞의 이야기를 수사적 질문으로 표현하면 이렇게 바뀐다.

"역세권도 아니고 대형 유통업체가 운영하는 곳이 아님에도 불구하고, 불황 속에서 해마다 두 자릿수로 성장해 8년 만에 매출이 10배 늘어난 쇼핑몰이 있습니다. 어디일까요? (짬을 두고 세 명에게 아이 컨택을 한다.) 네, 그렇습니다. 바로 하이브랜드입니다."

이와 같이 수사적 질문은 청중으로 하여금 깊이 생각하게 만들고, 청중을 프레젠테이션에 적극적으로 참여하게 하는 효과가 있다. 발표자 자신이 묻고 자신이 답하기 때문에 청중에게 질문을 해야 하는 부담감도 덜 수 있다.

이때, 청중을 생각하게 만들려면 반드시 선행되어야 할 것이 있다. 질문을 던진 후 짬을 두고 청중 세 명에게 아이 컨택을 해야 한다. 그러면 청중은 '어느 쇼핑몰일까?' 하고 생각을 한다. 쌍방향 커뮤니케이션이 이루어지는 것이다. 그때, 발표자가 "네, 바로 하이브랜드입니다." 하고 말하면, 청중은 '아, 하이브랜드였구나.' 하며 고개를 끄덕인다. 이렇게 함으로써 'Talk at'이 아니라 'Talk with'를 할 수 있는 것이다.

수사적 질문은 프레젠테이션 경험이 별로 없는 사람만 사용하는 방법이 아니다. 프레젠테이션에 능숙해질수록 이 방법을 자주 사용해야 한다. 나는 프레젠테이션 장에서 슬라이드가 넘어갈 때마다 수사적 질문을 던지곤 했다. 왜냐하면 청중의 질문이나 비판을 원천 봉쇄할 수 있기 때문이다. 보통 프레젠테이션을 시작하면 청중, 특히 상사들은 발표를 듣고 그 내용에 대해 비판하거나 지적을 하려고 한다. 그것을 원천 봉쇄하는 방법이 바로 수사적 질문이다.

회사원 시절, T.F.T.Task Force Team에 참여하여 그룹 경영기획실의 문제점을 분석하고 대책을 마련해서 임원들에게 프레젠테이션을 한 적이 있다. 프레젠테이션을 할 때, 대부분의 사람들은 이런 식으로 진행을 한다.

"이번 그룹경영기획실의 문제점은 세 가지로 분석되었습니다. 첫째는 이러이러합니다. 둘째는 그러그러합니다. 셋째는 저러저러합니다. 다음은 대책에 대해서 설명 드리겠습니다."

이런 식으로 프레젠테이션을 하면 임원들은 발표자가 발표한 문제점에 대해 지적해야 할 것을 찾기 시작한다. 그러고는 반드시 찾아내서 비판을 한다.

반면, 나는 슬라이드가 넘어갈 때마다 수사적인 질문을 했다. 나라면 다음과 같이 프레젠테이션 할 것이다.

"그룹 경영기획실의 문제점은 다음과 같이 세 가지로 분석되었습니다. 첫째는 이러이러합니다. 둘째는 그러그러합니다. 셋째는 저러저러합니다. 그럼 이러한 문제점을 해결하기 위해 어떠한 대책을 수립하면 좋을까요? (짬을 두고 세 명과 아이 컨택을 하면, 임원들은 비판할 문제점을 찾기 보다 대책이 무엇인지 생각하기 시작한다. 이때, 다음 슬라이드의 버튼을 누르면 대책 페이지가 임원들 앞에 보인다.) 보시는 바와 같이 세 가지 대책을 마련할 수 있습니다. (임원들은 '아, 세 가지였구나!' 하며 다른 생각을 못하고 발표자가 원하는 쪽으로 끌려간다.)"

수사적 질문은 청중으로 하여금 다른 생각이나 비판을 할 수 없게 만든다. 발표자는 수사적 질문을 던짐으로써 청중이 자기가 원하는 방향으로만 생각하게 만들며 프레젠테이션을 마칠 수 있다. 청중을 무장해제시키는 도구 중에 수사적 질문만큼 강력한 방법도 없다.

한 번은 프레젠테이션을 마치고 참가한 사람들과 회식을 한 적이 있다. 그때 임원 한 분이 내게 질문을 던졌다.

"길 대리, 이상해. 네가 프레젠테이션 할 때는 내가 딴 생각을 못하겠어. 이상하게 너한테 끌려다니는 느낌이야. 꼭 네가 할 때만 그래. 무슨 비결이라도 있니?"

"아, 그거요. 말씀 드리면 안 되는데요."

"괜찮아. 나한테만 얘기해 봐."

"그러니까 수사적 질문을 던지면서 짬과 아이 컨택을 활용하면 청중을 제가 원하는 쪽으로만 생각하게 만들 수 있어요. 구체적으로는 이렇게 저렇게 하면 돼요. 이제 아셨죠?"

비결을 말씀 드리자마자 그 임원으로부터 뒤통수 한 대를 맞았다.

"그 좋은 걸 왜 너만 알고 있어?"

어설프게 대답하지 말고
모르는 건 모른다고 말하라

프레젠테이션을 할 때 청중으로부터 받는 질문을 두려워하는 사람이 의외로 많다. 하긴 프레젠테이션에 관한 공부가 부족했을 때는 나도 마찬가지였다. 청중의 질문을 '공포, 그 자체'라고 생각할 정도였다. 청중이 질문을 하면 '제대로 답변을 못하면 어떻게 하지?' 하는 생각부터 들었다. 그러나 청중의 질문이 꼭 나쁜 것만은 아니다. 왜냐하면 질문을 통해 청중의 니즈를 보다 정확하게 파악할 수 있고, 답을 찾아가는 과정에서 나 자신을 발전시킬 수 있기 때문이다.

청중이 질문을 하지 않는다는 건, 내 제안에 전혀 관심이 없다는 뜻이나 마찬가지다. 지금부터 발상을 전환하자. 청중의 질문을 즐기자. 청중의 질문에 어떻게 대처해야 하는지, 그 방법만 알고 있으면 얼마든지 즐길 수 있다.

아무리 그 분야의 전문가라고 하더라도, 자신이 한 번도 생각하지 못한 전혀 예상하지 못한 질문을 받았을 때, 논리적이고 체계적으로 답변할 수 있을까? 그건 불가능하다. 아무리 해당 분야의 전문가라 하더라도 프레젠테이션을 할 때는 긴장하기 마련이다. 알고 있는 것도 체계적으로 답변하기가 쉽지 않다. 하물며 전혀 생각해보지 않은 질문이라면 두 말할 필요조차 없다. 그래서인지 프레젠테이션이 끝나면 항상 이런 생각이 든다.

'에이, 아까 질문이 나왔을 때 이렇게 답변할 걸.'

이런 문제는 어떻게 해결할까? 지금부터 그 방법을 알아보자. 먼저 실전에서 즉각적으로 대처하는 방법부터 살펴보자.

질문이 나왔을 때는 가장 먼저 업무에 관한 지식을 물어 보는 것인지, 의견을 물어 보는 것인지부터 판단해야 한다. 지식이냐 의견이냐에 따라 대처하는 방법이 다르기 때문이다.

먼저, 지식을 물어 볼 때 대처하는 방법에 대해 살펴보자. 청중이 업무에 관한 지식을 물어보면, 발표자 입장에서 세 가지 경우가 생긴다. 첫째, 이미 알고 있는 사항을 질문한 경우, 둘째, 전혀 모르는 것을 질문하는 경우, 셋째, 알긴 아는데 긴장을 해서 생각이 안 떠오르고 머릿속에 답이 맴도는 경우이다.

첫 번째와 같은 경우는 간단하다. 이미 알고 있는 것을 물어 보았으니 차분히 체계적으로 답변을 하면 된다.

두 번째와 같이 전혀 모르는 사항을 질문해 올 때는 어떻게 대처해야 할까? 일단 잘 모른다고 시인부터 해야 한다.

"죄송합니다. 그 사안에 대해서는 잘 모르겠습니다."

질문 받은 사항에 대해 어설프게 알고 있다면 절대 답변하지 마라. 괜히 어설프게 답변하다가 큰 코 다친다. 잘 모른다고 시인한 뒤에 청중에게 전체 질문을 던지면 된다.

"죄송합니다. 그 사안에 대해서는 잘 모르겠습니다. 혹시 이 사안에 대해 아시는 분 계십니까?"

그러면 청중 중에 그 사안에 대해서 아는 사람이 분명히 있을 것이다. 프레젠테이션 장에 갈 때마다 느끼는 점인데, 사람들의 지식과 경험은 정말 다양하다. 청중 속에 그 분야의 진짜 전문가가 있을지도 모른다.

회사 다닐 때의 일이다. 경영전략의 대가인 교수 한 분을 모셔다가 강의를 들은 적이 있다. 참가자들 모두 열심히 듣고 있었다. 그런데 마이클 포터의 경쟁전략이론으로 강의 내용이 옮겨가자 과장 한 명이 계속해서 그 교수에게 질문을 하며 태클을 걸었다. 나중에 화가 난 교수가 강의를 중단하고 그 과장을 불러 강사대기실로 갔다. 얼마 지나지 않아 다시 강의장으로 돌아온 교수는 본인이 잠시 착각을 했다며 참가자들에게 사과를 했다. 그러고는 곧바로 강의 내용 중 일부를 수정했다. 나중에 알고 보니 그 과장이 마이클 포터의 수제자 중 한 명이었다. 스승의 이론을 잘못 이야기하니 태클을 건 것이었다.

전체 질문을 던진 뒤에, 아는 사람이 있으면 그 사람의 이야기를 듣고 정리해 주면 된다. 혹시라도 아는 사람이 없다면 "나중에 확인해서 알려 드리겠습니다."라고 말하면 된다. 그리고 반드시 알아 본 후, 그 사람에게 피드백을 해야 한다.

세 번째는 답을 알긴 아는데 생각이 안 떠오르고 머릿속에서 맴돌 때다. 이럴 때는 프레젠테이션을 함께 준비한 동료를 이용하면 된다. 발표자는 긴장을 해서 머릿속에 맴돌지만, 함께 준비한 동료는 그 장에 앉아 있기 때문에 마음이 편할 것이다. 함께 준비한 동료를 쳐다보며 다음과 같이 이야기 하면 된다.

"아, 그건 저보다 서 대리가 답변하는 게 더 좋을 것 같습니다."

서 대리의 답변을 들은 후, 발표자가 다시 한 번 정리를 해서 답변을 하면 된다. 이때, 한 가지 주의할 점이 있다. 답변을 시키려고 서 대리를 쳐다보자, 갑자기 고개를 숙인다. 이건 질문을 제대로 안 들었다는 사인이다. 이럴 때는 답변을 요구하면 안 된다. 그럴 때는 질문자를 바라보며 다시 한 번 질문을 요구한다.

"죄송합니다. 제가 긴장을 해서 그런지 질문을 이해하지 못했습니다. 다시 한 번 질문해주시겠습니까?"

그런 다음, 고개를 돌려 서 대리와 아이 컨택을 한다. 이번에는 똑바로 들으라는 암묵의 표시다. 만일 프레젠테이션 장에 같이 작업한 동료가 없다면 나중으로 돌리면 된다.

"죄송합니다. 제가 알고 있긴 한데 긴장을 해서 그런지 갑자기 생각이 나지 않습니다. 프레젠테이션이 끝난 뒤에 답변해드리도록 하겠습니다."

모르는 걸 부끄러워 할 필요는 없다. 그걸 계기로 삼아 그 분야에 대해 공부를 하면 된다. 어떤 분야든 그 분야의 대가일수록 겸손하다. '벼는 익을수록 고개를 숙인다.' 라는 말처럼, 진짜 대가일수록 겸손하고 남의 이야기도 잘 받아들인다. 오히려 그 분야에 대해 잘 모르는 사람일수록 남의 이야기에 귀 기울이지 않고 건방지게 아는 척을 한다. 그건 왜 그럴까? 아는 것과 모르는 것의 차이 때문이다. 1,000가지 사실 중 10가지 사

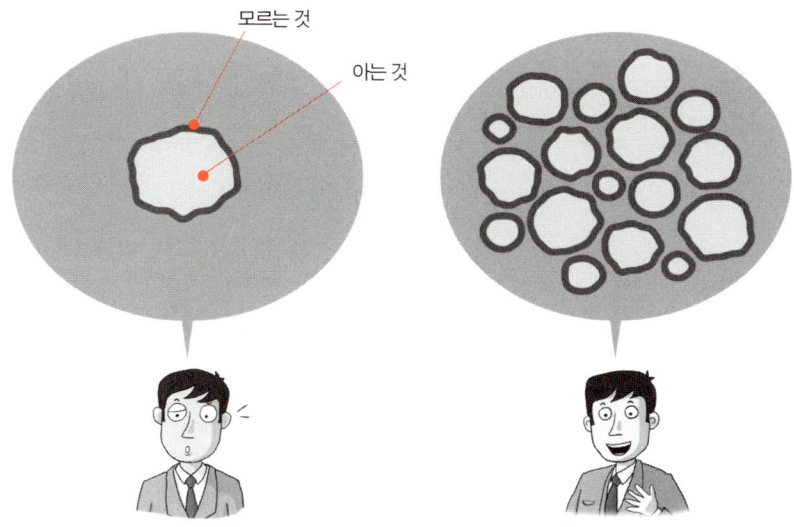

* 〈2-4〉 아는 것이 적으면 모르는 것도 적다 *

실을 알고 있으면 모르는 것이 990가지라고 인식할까? 아니다. 나머지에 대해서는 인식조차 못하기 때문에 아는지 모르는지도 알지 못한다.

그림 〈2-4〉에서처럼 모르는 것은 아는 것에 접해 있다. 따라서 아는 것이 늘어날수록 모르는 것도 점점 많아진다. 아마 프레젠테이션 경험이 별로 없는 독자들은 이 책을 읽으면서 프레젠테이션에 대해 모르는 게 점점 많아지는 느낌을 갖게 될 것이다. 어떤 독자들은 '이런 것까지 고려해야 하는구나.' 하고 프레젠테이션에 대해 인식하지 못했던 것들을 깨달을 것이다. 그 분야의 진짜 대가일수록 겸손한 법이다. 왼쪽 그림처럼 아는 것이 적으면 모르는 것도 적다. 그러니 다 안다고 고집부리며 남의 이야기를 듣지 않는 것이다.

학교 다닐 때 수업이 끝날 때쯤 되면 선생님께서 항상 질문을 하셨다.

"애들아, 질문 있으면 해봐."

그러면 다들 선생님의 눈을 피해 고개를 숙였다. 그때마다 선생님께서는 한 마디를 남기고 교실 밖으로 나가셨다.

"짜식들, 아는 게 있어야 질문을 하지. 아는 게 있어야⋯⋯."

고개를 숙이면서 속으로 생각했다.

'이상하다. 몰라야 질문하는 거 아닌가? 그런데 왜 선생님들마다 알아야 질문을 한다고 하시지.'

그때는 어려서 이해를 못했다. 이제는 조금 알 것 같다. 아는 것이 생겨야 질문을 할 수 있다. 모르는 것을 계기로 대가의 길로 한 걸음 한 걸음 발을 내딛자. 질문을 받았을 때, "그것은 잘 모르겠습니다."라는 답변에 시비를 거는 사람을 본 적이 없다. 어설프게 아는 것을 답변했다가 호되게 당하는 경우는 있어도⋯⋯.

의견을 묻는 질문은
반대 질문으로 대응하라

청중이 업무에 관한 지식을 물어올 때는 대개 어려움이 별로 없다. 문제는 의견이 달라서 던지는 질문이다. 논리학에서는 의견을 '반론이 존재하는 생각'이라고 정의한다.

아무리 훌륭한 의견도 반론이 있기 마련이다. 다들 잘 알겠지만, 의견 차이가 있을 때는 밤새도록 토론해도 차이가 좁혀지지 않는다. 프레젠테이션 장에서 발표자는 청중과 의견차이로 갑론을박해서는 안 된다. 그러다 보면 제 시간에 끝낼 수도 없고, 프레젠테이션이 이상한 방향으로 흘러간다.

청중이 의견에 관한 질문을 하는 이유는, 본인이 의견을 가지고 있기 때문이다. 따라서 그 의견부터 확인하는 것이 좋다. 질문을 던진 사람에게 거꾸로 질문을 던져서 의견을 확인해야 한다.

"죄송합니다만, A 고객께서도 그 사안에 대해 고견이 있으신 것 같은

데, 본인께서는 어떻게 생각하십니까?"

이것을 '반대 질문'이라고 한다. 반대 질문을 던져서 답변을 들은 후, 명확한 의견차이가 확인되면 발표자가 그 사람의 주장을 반박해서는 안 된다. 그러면 청중들 사이에 동료의식이 생겨서 모두 같은 편이 된다. 청중 모두가 발표자의 적으로 돌변한다. 의견차이가 확실하면 피어 프레셔가 작용하도록 릴레이 질문을 던져야 한다.

"지금 A 고객께서 이러이러한 의견을 주셨습니다. 다른 분들께서는 어떻게 생각하십니까? B 고객께서는 어떻게 생각하시지요? (답변 청취) C 고객께서는 어떻게 생각하십니까? (답변 청취) D 고객께서는 어떻게 생각하십니까? (답변 청취)"

그렇다면 릴레이 질문을 언제까지 던져야 할까? 나와 같은 의견이 나올 때까지다. 그런 다음, 다른 청중들이 이야기한 내용을 바탕으로 A 고객에게 답변하면 된다.

"저도 B, C, D 고객들께서 말씀하신대로 이 사안에 대해 이러이러하게 생각합니다."

그러면 A 고객이 동의는 못하더라도 "그럴 수도 있겠네요." 하며 그 장에서 무마는 된다.

릴레이 질문을 던질 때 가장 중요한 건 '나의 편'에게만 질문을 해야한다는 점이다. 괜히 A 고객과 같은 생각을 가진 사람에게 질문을 던졌다가는 돌아올 수 없는 루비콘 강을 건너게 된다. 그렇다면 처음 보는 청중들의 경우에 나의 편인지 아닌지 어떻게 판단할 수 있을까? 그래서 1:1 아이 컨택이 중요하다. 1:1 아이 컨택을 하다 보면 고개를 끄덕이며 긍정적인 사인을 보내는 사람들이 있다. 그 사람들에게만 릴레이 질문을 해야 한다. 질문을 받으면 지식을 물어 보는 것인지, 의견을 물어 보는 것인지 빨리 판단을 하자.

트집 잡는 질문에는
답변하지 마라

프레젠테이션을 하다 보면 질문이 목적이 아니라 아예 프레젠테이션을 망치려는 사람들이 있다. 그런 사람들이 발표자를 괴롭히기 위해 가장 자주 사용하는 도구 역시 질문이다. 부서 간에 알력이 있거나 이해관계가 달라서, 또는 '저 자식이 잘 나가면 안 되니까' 질문을 던져서 괴롭힌다. 고객사에 가서 프레젠테이션 할 때도 우리를 밀어주는 담당자가 있는가 하면 경쟁업체에게 일을 주려는 담당자도 있다. 경쟁업체를 밀어주는 담당자 역시 질문을 던져서 발표자를 괴롭힌다. 이런 사람들을 트러블메이커Troublemaker라고 한다.

트러블메이커들이 던지는 질문은 본질적인 게 거의 없다. 지엽말단적인 걸 트집 잡아서 질문을 던진다. 트집을 잡을 목적으로 던지는 질문에는 절대로 답변을 해서는 안 된다. 발표자가 아무리 답변을 잘 해도 말꼬리를 붙잡고 계속 괴롭힌다. 그러면 제 시간에 프레젠테이션을 마칠 수도 없고 이상한 방향으로 프레젠테이션이 흘러간다. 그렇다면 이러한 질문들에는 어떻게 대처해야 할까? 두 가지 방법이 있다.

첫째, 프레젠테이션을 시작하는 도입부에서 다음과 같이 질의응답을 약속해야 한다.

"질문은 가급적이면 프레젠테이션이 끝난 뒤에 해주시면 정말 감사하겠습니다."

'가급적이면' 이라는 말이 꼭 들어가야 한다. 청중에게 이래라저래라 요구할 수 없기 때문이다. 또 '정말' 이라는 말을 하면서 살짝 미소를 지어야 한다. 웃는 사람 얼굴에 침 못 뱉는다. 이런 식으로 질의응답을 약속하고 출발하면 트러블메이커가 던지는 질문에 쉽게 대처할 수 있다.

"참 좋은 질문입니다. 그런데 아까 서두에 말씀드린 대로 질문은 다 끝난 후에 해주시면 정말 (살짝 미소를 짓는다. 웃는 얼굴에 절대 침 못 뱉는다.) 감사하겠습니다. 지금 질문하신 내용은 뒤에 나옵니다. (안 나와도 상관없다.) 끝까지 다 들으면 이해가 되실 겁니다. 그래도 이해가 안 되시면 나중에 꼭 다시 질문해 주십시오. (추호의 흔들림도 없이 다음 사항으로 진행한다.) 다음 세 번째 제안 내용은……."

프레젠테이션 도입 시에 질의응답을 약속했기 때문에 이와 같은 식으로 처리하면 된다.

여기서 중요한 포인트는 발표자가 얼굴 표정이 바뀌거나 머뭇거려서는 안 된다는 점이다. 추호의 흔들림도 없이 다음 사항으로 말을 옮기며 진행해야 한다. 그러면 나중에 절대로 질문을 하지 않는다. 왜냐하면 첫째, 본인도 아까 무슨 질문을 했는지 까먹기 때문이다. 둘째, 프레젠테이선이 끝날 때쯤에는 본인도 빨리 그 자리에서 벗어나고 싶어 하기 때문이다. 셋째, 피어 프레셔가 작용하기 때문이다. 끝날 때쯤 되면 청중 모두가 그 사람을 쳐다본다.

"질문하지 마. 다 끝났잖아. 빨리 이 자리에서 벗어나자고."

이와 같이 답변을 나중으로 미루더라도 조금 지나면 또 다시 시비 거는 질문을 하는 경우가 있다. 그러면 이전과 똑같은 방식으로 대응하면 된다. 두 번 정도 그런 식으로 처리하고 나면 다시는 시비를 걸지 않는다. 만약 세 번째 질문이 다시 나오면 피어 프레셔가 작용한다. 청중들도 그 질문이 본질적인 질문이 아니라는 것을 알기 때문이다.

"김 차장, 뒤에 나온다잖아. 끝까지 들어 보자고."

트러블메이커에 대응하는 두 번째 방법은 프레젠테이션을 시작하면서 질의응답에 관해 약속을 못했을 경우에 사용하는 방법이다. 동료를 활용하는 것이다.

"참 좋은 질문입니다. (함께 작업한 동료를 쳐다보면서) 서 대리 지금 질문하신 내용 다 적었죠. (적지 않아도 상관없다. 적는 척 하면 된다. 그런 다음 질문자를 다시 쳐다본다.) 지금 지적하신 내용 잘 적어두었습니다. 나중에 참고하겠습니다. (그런 다음, 추호의 흔들림도 없이 다음 사항으로 말을 옮겨간다.) 다시 본론으로 들어가면……."

나중에 참고하겠다는데 시비 거는 사람 없다. 일단 참고하겠다고 말한 뒤에 참고할 지 말 지는 나중에 결정하면 된다. 이때도 역시 중요한 건 추호의 흔들림도 없이 다음 사항으로 나가야 한다는 점이다.

프레젠테이션은 광고업계에서부터 발전해 왔다. 광고업계에서 프레젠테이션의 전설로 일컬어지는 분이 있다. 이용찬 씨다. 20년 전쯤이다. 한국이동통신현 SK텔레콤에 광고를 제안하기 위해 이용찬 씨가 프레젠테이션을 하러 왔다.

"이번 광고의 컨셉은 한 마디로 '때와 장소를 가리지 않는다' 이것 하나로 가겠습니다."

그러자 의사결정권자가 바로 질문을 했다.

"잠깐, 우리가 장점이 얼마나 많은 회사인데 그 많은 돈을 들여서 황금시간대에 광고를 하면서 그 컨셉 하나로만 갑니까? 여러 가지 장점들을 소개해야 하는 거 아닙니까?"

어떻게 답변하는지 정말 궁금했다. 그런데 놀랍게도 답변을 하지 않고 갑자기 허리를 숙이더니 가방에서 공을 하나 꺼내 들었다.

"실장님, 이 공을 던질 테니까 한 번 받아보세요."

그러더니 실장을 향해 바로 공을 던졌다. 실장이 그 공을 잡자마자 이번에는 가방에서 공 다섯 개를 꺼내서 실장을 향해 던졌다.

"이번에도 공을 잡아보세요."

실장은 그 공들을 피하면서 하나의 공밖에 잡지 못했다. 그 뒤에 이용찬 씨의 말이 이어졌다.

"실장님, 시청자들에게 아무리 많은 메시지를 던져도 결국 하나밖에 받아들이지 못합니다. 그냥 '때와 장소를 가리지 않는다' 이것 하나로 가도록 하겠습니다."

그 말을 하고 난 뒤가 더 멋있었다. 추호의 흔들림도 없이 돌아서며 다음 로직을 설명했다. 그때 깨달았다.

'아, 프레젠테이션은 저렇게 하는 거였어! 저게 진정한 프로구나.'

당신의 프레젠테이션을 다른 누가 대신 해주지는 않는다. 그 자리에서 승부를 걸어야 한다. 추호의 흔들림도 없이 트러블메이커들에 대처하자.

프레젠테이션이 끝난 뒤에는
자신만의 메모노트를 만들어라

프레젠테이션이 끝나면 대부분의 사람들이 긴장을 풀며 모든 게 끝났다고 생각한다. 그러나 한 번의 프레젠테이션이 끝나는 순간이 다음 프레젠테이션의 시작이라는 점을 명심하자.

프레젠테이션 장에서 질문을 받으면 그 질문을 기록해야 한다. 동료에게 기록을 부탁해도 된다. 그 장에 동료가 없으면 발표자가 차분하게 메모하면 된다. 메모하는 데 시간이 걸리더라도 두려워하지 말라. 침묵은 발표자의 편이라고 했다. 차분히 메모하고 나서 앞에서 설명한대로 답변을 해나가면 된다. 답변하는 과정에서 깨지더라도 신경 쓰지 마라. 젊었을 때 깨지는 건 보약이다. 대가의 길로 가는 통과의례라고 생각하라.

하루빨리 대가의 길로 들어서고 싶다면, 프레젠테이션 끝난 후 청중으로부터 받은 질문을 바탕으로 다시 답변을 작성해 보라. 답변을 더욱 체계적이고 논리적으로 작성할 수 있을 것이다. 왜냐하면 프레젠테이션이 끝난 후에는 긴장감도 사라지고, 인터넷도 검색할 수 있고, 문헌도 찾아볼 수 있고, 선배나 전문가에게 해답을 구할 수도 있기 때문이다. 그런 다음, 청중으로부터 받은 질문과 새롭게 정리한 답변을 자신만의 메모노트에 기록해나가라. 이런 방식으로 체계적이고 논리적으로 정리된 답변을 모은 메모노트를 나는 PSS Problem Solving Stock 라고 부른다.

나는 이 PSS를 사원시절부터 지금까지 25년간 축적해 오고 있다. PSS를 1년 정도 쌓았을 때는 별 효력이 없다. 그러나 2~3년 세월이 흐를수록 PSS가 막강한 파워를 발휘하기 시작한다. 청중의 질문 대부분이 PSS의 범주 안에 들어온다. 그러면 어떤 질문이든 논리적이고 체계적으로 답변할 수 있다. 무엇보다 중요한 건, 프레젠테이션에서 나올 수 있는 질문을 준비과정에서 웬만큼 미리 예측할 수 있다는 점이다.

'실장님은 이번 프레젠테이션에서 분명히 이런 걸 물어 보실 거야.'

'전무님은 반드시 이 점을 확인하시겠지.'

PSS를 쌓아나가면 신기하게도 상사들이 무슨 질문을 할 지 예측할 수 있다. 청중의 질문을 예측할 수 있으면 답변하기가 수월해진다. 프레젠테이션이 끝난 후, 긴장을 풀고 모든 것을 잊어버리면 프레젠테이션 할 때마다 이런 생각이 들 것이다.

'에이, 아까 질문 나왔을 때 이렇게 답변할 걸.'

그러면 머리말에서 언급한 '스트리트 스마트' 도 축적되지 않고, 대가의 길로 가는 길도 점점 요원해질 것이다. 반드시 복기하고 메모하며 기록을 축적해가라. 자신만의 PSS, 즉 메모노트가 지혜의 원천이 될 것이다.

언어를 시각화해야
감성을 자극할 수 있다

93만5천 마일. 어느 정도 거리인지 감이 잡히는가? 아마 전혀 잡히지 않을 것이다. 우리나라 사람에게 익숙지 않은 '마일' 이라는 단위 때문에 더더욱 그럴 것이다. 이 거리는 당시 대한축구협회 회장이었던 정몽준 회장이 2002년 월드컵을 유치하기 위해 2년 5개월 동안 전 세계를 비행한 거리다. 이 거리를 한 언론사에서 "93만5천 마일은 지구를 38바퀴 돈 거리다."라고 표현했다. 대부분의 사람들은 지구를 한 바퀴도 돈 적이 없다. 그러나 93만5천 마일이라고 하는 것보다 "지구를 38바퀴 돈 거리다." 라고 표현하면 바로 느낌이 온다.

"정말 엄청나게 돌아다녔구나."

이렇게 표현하는 것을 '언어의 시각화' 라고 한다. 언어의 시각화란 수치나 데이터를 청중이 쉽게 이해할 수 있도록 청중 입장에서 비유해 주는 것을 말한다. 모든 수치를 전부 시각화할 수는 없다. 하지만 중요한 수치는 청중의 입장에서 시각화해주어야 한다. 그래야 청중의 이해를 이끌어 낼 수 있고, 청중의 감성을 자극할 수 있다. 언어의 시각화와 관련한 몇 가지 사례를 소개하겠다.

초등학교 6학년 때, 담임선생님께서는 수업이 끝날 때마다 박카스 한 병 씩을 드셨다. 정말 박카스를 사랑하신 것 같다. 2011년, 박카스에 관한 기사가 실렸는데 그렇게 많이 팔린 줄은 그때 처음 알았다.

국민 드링크 박카스가 '의약외품'으로 전환된 후, 첫 생일을 맞았다. 48번째 생일이다. 1963년 발매되어 2년 후인 1965년부터 46년째 드링크 시장 1위를 유지하고 있는 박카스는 올 상반기까지 총 171억 병이 팔린 것으로 집계되었다. 12cm 병을 한 줄로 세우면 지구를 50바퀴 돌고도 남는 양이다.

정준하와 이효리의 한 끼 식사를 비교한 기사도 언어의 시각화를 보여 주는 좋은 사례였다.

'식신'이란 별명이 붙은 개그맨 정준하가 채식주의자인 이효리 보다 한 끼에 7배 많은 칼로리를 섭취하는 것으로 드러났다. 정준하는 최근 한 케이블 TV에 출연해 평소 즐기는 식단을 공개했다. 열량은 5000kcal에 이르렀다. '국민간식' 라면 1봉지의 열량은 대개 500kcal. 정준하는 한 끼 식사로 라면 10봉지에 해당하는 열량을 섭취하는 셈이다. 이는 채식 위주의 식사를 하는 가수 이효리의 한 끼 식사의 열량인 700kcal와 비교해 7배가 넘는다.

프로야구는 우리나라에서 가장 인기 있는 스포츠 중 하나다. 류현진 선수가 메이저리그에 진출하면서 야구의 인기가 점점 더 높아지는 것 같다. 지금 이 글을 쓰고 있는 시점에 가을야구가 시작되고 있다. 잠실야구장의 하루 쓰레기는 대략 10만 리터라고 한다. 그 양을 한 신문에서는 이렇게 표현했다.

10만 리터면 25미터 길이의 4레인 짜리 수영장 한 개를 거의 채울 수 있는 양이다.

쓰레기의 어마어마한 양을 짐작하고도 남을 만하다.

충남 서천에 새로운 명소가 생겼다. 환경부 산하 특수법인으로 공식 출범한 '국립생태원'이다. 이 국립생태원의 핵심 시설은 '작은 지구'라고 할 수 있는 에코리움 전시관이다. 이곳은 마치 세계일주를 하는 것처럼 지구의 대표적인 기후대별 생태계를 체험할 수 있게 만들었다고 한다. 이 책의 원고를 탈고하는 대로 빨리 가 보고 싶다. 국립생태원의 면적은 998,000 제곱미터이다. 998,000 제곱미터면 얼마나 넓은지 감이 잡히는가? 축구장 면적의 92배이다. 감을 잡고 나니 벌써부터 다리가 후들거린다.

언어의 시각화를 가장 잘 활용하는 비즈니스 현장이 홈쇼핑이다. 2012년, 개그맨 백재현은 120킬로그램의 거구에서 38킬로그램을 감량하고 양악수술을 하여 훈남 대열에 합류하였다. 홈쇼핑의 한 다이어트 식품은 완벽하게 탈바꿈한 백재현을 광고모델로 삼아 다음과 같이 프레젠테이선을 하였다.

"개그맨 백재현 씨는 무려 38킬로그램을 감량했습니다. 시청자 여러분, 38킬로그램이면 어느 정도인지 감이 잡히십니까? 38킬로그램이면 백재현 씨의 몸에서 통닭 60마리가 빠져나갔다고 생각하시면 됩니다."

당시 그 다이어트 식품은 대박을 쳤다.

비즈니스 현장에서 수치보다 중요한 것은 없다.

"과연 청중이 이 수치를 제대로 이해할 수 있을까?"

이 질문을 청중의 입장에서 끊임없이 되뇌며 프레젠테이션을 준비해야 한다.

어려운 전문용어와
약어를 피하라

NASA는 세계의 최첨단 기술이 집약되어 있는 곳이다. 그곳에서 일하는 사람들은 각 분야의 천재적인 과학자들이라 할 수 있다. 예전에 NASA의 각 분야 책임자들이 모여서 'NASA에서 가장 중요한 것은 무엇일까?'라는 주제로 토론을 벌인 적이 있다. 처음에는 로켓이나 자세제어와 같은 전문적인 분야가 가장 중요하다고 설전을 벌였지만, 며칠간의 난상토론 끝에 내린 결론은 다음과 같다.

"각 분야의 전문적인 기술도 중요하지만, 무엇보다도 NASA의 역할과 우리들이 하는 일을 국민들에게 제대로 알기 쉽게 설명하지 못하면 아무 소용이 없다."

왜 이런 결론에 도달했을까? NASA의 역할과 일에 대해 국민들을 설득하지 못하면 예산도 삭감되고 연구비도 타낼 수 없기 때문이다. 국민들을 설득하기 위해서는 무엇보다 먼저 전문적인 용어나 개념을 국민들이 쉽게 이해할 수 있도록 설명해야 한다.

한국 과학기술자들의 모임인 '사이엔지' 가 주는 과학기자상 1회 수상자는 〈한국일보〉의 김희원 기자다. 김희원 기자는 줄기세포 논문 조작 사태 당시, 전문성이 돋보이는 보도로 사태 해결에 도움을 주었고, 유익한 과학 지식을 일반 대중에게 알기 쉽게 소개한 공로로 상을 수상하였다. 김희원 기자가 이런 지적을 한 적이 있다.

"과학부 기자로서 자주 느끼는 것이 있다. 연구소의 연구원들을 만나면 왜 그렇게 대화가 통하지 않을 때가 많은지 모르겠다. 과학부 기자 한 명을 이해시키지도 못하는 연구원이 정책 입안자에게 어떻게 그 연구의 중요성을 알릴 수 있을까? 정말 답답할 때가 한두 번이 아니다. 정책 입안자를 설득하려면 먼저 국민들에게 이 연구가 얼마나 중요한지를 알려야 한다. '일반 대중이 이렇게 어려운 것을 어떻게 알아.' 하고 생각하면 그것은 착각이다. 대중에게 과학적 관심을 불러일으키기 위해서는 아무리 어려운 내용이라도 알기 쉬운 용어로 설명해야 한다. 그것은 과학자들의 책임이다."

나는 이 말에 100% 동의한다. 몇 년 전부터 대덕의 연구소에 강의를 많이 나간다. 연구원들에게 자신이 작성한 자료로 프레젠테이션을 해보라고 하면, 너무나 어렵게 이야기한다. 전문적인 용어나 개념을 설명할 때는 특히 심하다. 물론 청중이 같은 분야의 전문가들이라면 상관없다. 그러나 전문가가 비전문가에게 프레젠테이션 할 때는 상황이 다르다. 연구소의 연구원들도 본사 스텝부서의 직원들을 설득하지 못하면 연구비를 타낼 수 없다. 많은 연구원들이 전문적인 내용을 쉽게 설명할 수 있도록 연구하지 않는 것 같다. 쉬운 용어를 쓰는 것을 대수롭지 않게 여기는 풍토도 있는 것 같다. 아무리 어려운 내용이라 하더라도 중학교를 졸업한 정도의 지식수준이면 이해할 수 있도록 설명해야 한다.

요즘은 관공서에서도 어려운 용어를 사용하지 말자는 운동이 일어나고 있다.

산업통산부 장관은 16일 '에너지 바우처 제도를 내년부터 도입해 전기와 가스 요금제도도 에너지 취약계층의 부담이 최소화되도록 노력하겠다'고 밝혔다.

과연 저소득층이 '에너지 바우처'라는 말을 이해할까? 내 생각에는 저소득층일수록 이 말의 뜻을 이해하지 못 하는 사람들이 많을 것 같다. 산업통산부는 '에너지 바우처 제도'라는 말을 '저소득층을 위한 전기·가스 등 에너지 통합구매제도'로 다시 바꾸었다.

경기도 양평군이 농촌관광 수요 확대에 대응한 농촌 어메니티 자원관리 전문인력 양성을 위해 실시하고 있는 '농촌 어메니티 리더 양성과정' 수료식이 지난 11일 농업기술센터 친환경농업교육관에서 있었다.

'농촌 어메니티 자원' 이라는 말이 무슨 뜻일까? 나도 잘 이해가 안 되는데 농촌 사람들은 더 이해를 못 할 것 같다. '농촌 어메니티 자원' 이란 말은 이제 '농촌 쾌적 자원' 으로 수정되었다.

어린이 기호식품 취급업소에 대한 DB를 구축하고, 관리카드 등을 작성하여 앞으로 'Green Food Zone' 을 지정하여 운영해 나갈 계획이다.

나에게는 'Green Food' 라는 말이 잘 와 닿지 않았다. 'Green Food Zone' 은 이제 '어린이 식품 안전구역' 으로 바뀌었다. 관공서에서 쉬운 용어 사용하기 운동이 일어나고 있는 것은 정말 바람직한 일이다.

예전에 한 백화점에서 컨설팅 의뢰가 들어온 적이 있다. 컨설팅 영역을 정하기 위해 그 백화점 담당자들과 회의를 했다. 회의가 시작되자마자 내가 질문을 던졌다.

"무엇이 문제입니까?"

백화점 담당자들은 "PC 관리가 가장 큰 문제입니다." 라고 답변했다. 나는 정말 의아했다. 왜냐하면 나는 PC 전문가가 아니기 때문이다.

'왜 이런 걸 나한테 의뢰하지?'

나는 의아하다고 생각하며 회의를 이어갔다. 회의가 진행될수록 서로 다른 이야기만 하고 의견이 엇갈리기만 했다. 도저히 참을 수 없었다.

"저, 잠깐만요. 그런데 PC가 뭐예요?"

"Profit Center요. 아니, 모르셨어요."

정말 짜증났다. 나는 PC 관리가 안 된다고 해서 퍼스널 컴퓨터Personal Computer를 생각하며 회의를 했다. 하지만 그게 아니었다. 백화점에서는 브랜드 하나하나를 코너라고 한다. 예를 들면 ○○화장품, □□화장품, △△화장품을 각각 코너라고 한다. 그 코너들을 몇 개씩 한 데 묶어 놓은 것을 Profit Center, 즉 PC라고 한다는 이야기였다. 회의시간만 낭비했다.

한 번은 모 기업으로부터 강의 의뢰 전화를 받은 적이 있다. 일정을 확인하고 교육 대상자의 직급을 물어보았다. 교육 담당자는 "J4입니다."라고 답변을 하였다. 도대체 자기 회사의 사내에서만 쓰는 용어를 내가 어떻게 안단 말인가? "J4인데, Junior 4년차입니다. 다른 회사로 따지면 신임 대리입니다." 이렇게 답변했어야 하지 않을까?

약어는 의사소통을 할 때 그 의미 전달을 빠르고 정확하게 하기 위해서 사용하는 것이다. 그런데 이런 약어를 지나치게 남발하는 경향이 있다. 자신의 전문 분야니까 자기는 잘 알지만, 다른 사람들은 전혀 알 수 없는 약어를 남발하는 경우가 많다. 약어는 청중 모두가 알 수 있는 것이 아니면 사용해서는 안 된다. 부득이하게 약어를 사용할 때는 반드시 용어 해설이나 각주를 달아주어야 한다. 특히 외부 사람에게는 사내에서만 통용되는 약어를 사용하면 절대 안 된다.

단, 전 세계인이 모두 알고 있는 약어는 그대로 사용하는 편이 더 낫다. 예를 들어 NASA같은 약어다. 이런 약어는 풀어 쓰면 더 이해하기 힘들다. National Aeronautics and Space Administration.

기승전결 화법으로
논리와 재미를 한꺼번에 잡아라

하루 종일 헤매어도 봄은 어디에

미투리 끌고 천태산 올라도 구름뿐이네

정원의 매화 그늘 밑을 서서히 걸을 새

아, 벌써 봄은 가지 끝에 향내를 풍기누나

작자 미상의 한시 '매화'다. 내가 가장 사랑하는 한시 중 하나다. 자신이 찾으려는 것을 멀리서 찾을 필요 없다는 메시지를 수려하게 전달하고 있다. 이 시를 낭독할 때마다 작가를 알 수 없다는 게 늘 안타깝다.

한시의 구성법은 누구나 잘 알듯이 '기승전결起承轉結'이다. 기起는 '일어날 기'를 쓴다. 첫 구절에서 시상詩想을 일으키는 것을 뜻한다. 승承은 '이을 승'이다. 둘째 구에서 기의 뜻을 이어 받아 발전시킨다는 말이다. 전轉은 '구를 전'이다. 셋째 구에서 뜻을 다른 방향으로 돌리거나 다른 장면으로 변화시키는 것이다. 결結은 '맺을 결'로, 글 전체를 묶어서 여운이 깃들도록 끝맺는 것이다.

한시를 넘어 소설이나 평론, 시나리오를 쓸 때도 기승전결을 많이 사용한다. 글뿐이 아니다. 말도 기승전결로 이야기를 하면 논리정연하고 재미있어진다. 단, 기승전결로 이야기를 구성하려면 사전에 준비가 철저해야 한다. 즉흥적으로 떠올린 이야기를 기승전결로 풀어내는 것은 사실상 불가능하다.

그렇다면 어떻게 준비해야 이야기를 기승전결로 구성할 수 있을까? 첫째, 결론을 먼저 정한다. 둘째, 결론으로 연결되는 스토리 A와 스토리 B를 준비한다. 셋째, 두 가지 스토리는 아래의 조건을 갖추어야 한다.

① 스토리 A와 스토리 B는 각각 결론에 직결되어 있을 것.
② 특히, 스토리 A는 일반적으로 알려지지 않은 내용이어야 흥미를 유발할 수 있다. 그러나 너무 동떨어진 세계의 이야기는 하지 말 것.
③ 스토리 A는 5W1H를 사용해서 구체적, 사실적으로 묘사할 것.
④ 스토리 B는 스토리 A와 TPO를 다르게 할 것.
⑤ 꾸민 이야기가 아니라 사실Fact일 것.

TPO는 Time, Place, Occasion의 약자다. '문제는 TPO에 따라 달라진다'라는 말이 있다. 살인, 이것은 문제일까 아닐까? 때Time에 따라 달라진다. 전시냐 평시냐. 전시에는 민족과 국가를 지키기 위해 적을 죽일 수도 있지만, 평화 시에는 살인이 커다란 문제가 되어 형벌을 받는다. 물론 평화 시에도 정당방어일 때는 처벌을 받지 않는다. 일부다처제는 문제일까 아닐까? 이 문제는 장소Place에 따라 달라진다. 기독교 문화권에서는 문제가 되지만 아랍 문화권에서는 일부다처제를 허용하기도 하기 때문이다. 임금인상. 이 문제는 입장Occasion에 따라 서로 달라진다. 똑같은 문제라도 노동자냐 사용자냐에 따라 서로 입장이 다르기 때문이다.

'매화'라는 시로 돌아가 보자. 작가는 '자신이 찾고자 하는 것을 멀리서 찾을 필요 없다'고 결론을 정했다. 그런 다음, '하루 종일 헤매어도 봄은 어디에' 하고 시상을 던지면서 봄을 찾고자 하는 의지를 밝혔다. 승에서 '미투리 끌고 천태산 올라도 구름뿐이네' 하며 봄을 찾아 헤매는 구체적인 모습을 묘사하였다. 전에서는 '정원의 매화 그늘 밑을 서서히 걸을새' 하며 봄을 찾다 포기하고 집으로 돌아와 있는 모습이다. 승과 전에서 시간과 장소가 바뀌었다. 승은 '봄을 찾고 있을 때'이고 전은 '봄을 찾는 것을 포기하고 난 뒤'이다. 승은 장소가 천태산이고, 전은 작가의 집 정원이다. 결에서 자신의 메시지를 암시하면서 시를 마무리 짓는다. 정말 강한 여운을 남겨 주는 시다.

내가 기승전결에 대해 제대로 이해하게 된 건, 〈조선일보〉의 '이규태 코너'를 통해서였다. '이규태 코너'는 24년 동안 6,702회나 연재된 대한민국 최장기 칼럼이다. 한국인에 관한 이야기로부터 세계의 이슈와 철학, 상식까지 거의 모든 지식을 망라하고 있다. 나에게 '이규태 코너'는 하루의 행복을 일깨워주는 출발점이었다. 아침에 눈을 뜨면, 차 한 잔을 마시며 습관적으로 이규태 코너를 읽었다. 짧은 글들이었지만, 이상하리만치 오래오래 곱씹어 보게 되는 묘미가 있었다. 여기서 '이규태 코너'의 옛

글 하나를 음미해 보자. 기승전결의 백미다.

왼손잡이

찰리 채플린은 왼손잡이였다. 소년 적에 하루 8시간 피나는 레슨을 계속했지만 현絃을 괴는 받침대가 오른손잡이로 돼 있었기에 한계를 느끼고 바이올린을 짓밟아 부수고 그 줄로 목을 매려 든 적도 있었다.

　그의 희극이 반체제로 일관된 것도 오른손잡이가 지배하는 세상에 대한 저항이었다고 회고하기도 했다. 포드 미국대통령이 대중 앞에 나섰을 때 곧잘 비틀거렸던 것은 왼손잡이인 그에게 오른손잡이와 똑 같은 행동을 요구한 때문이다.

　부시 전 대통령과 클린턴 대통령도 왼손잡이였다. 공식통계가 없었던 우리나라 왼손잡이 수가 200만 명으로 전체 성인 인구의 4%라는 보도가 있었다. 미국과 캐나다의 왼손잡이 비율인 15%에 비해 현저하게 적다.

　올림픽 참가선수도 왼손잡이가 매회 늘어나 바르셀로나 올림픽에서는 전 참가선수의 18%가 왼손잡이였다. 우리나라에 왼손잡이가 적은 건 오른쪽을 숭상하고 왼쪽을 천시하는 존우좌비尊右左卑 사상 때문일 것이다. 옛 양반들은 오른손은 상체를 작업할 때만 쓰고 왼손은 하체를 작업할 때 썼을 만큼 차별했었다. 그래서 어머니는 어릴 적에 왼손잡이를 오른손잡이로 교정하는 피나는 노력을 했고 그것이 감소요인으로 작용한 것일 게다.

　반면에 미국에서는 오른손잡이 위주의 기존 생활문화에 저항하고 자구책을 모색하고 있다. 그들은 거리에 나아가 외쳤다. "왼손잡이가 커피 잔을 들면 꽃무늬가 반대쪽으로 돌아가 보이지 않고, 트럼프를 부채꼴로 펴 들면 왼쪽 구석에 적힌 숫자가 가려 보이지 않는다. 전기 다리미질할 때 왼손을 쓰면

코드가 앞을 가려 불편하기 짝이 없다."라고. 미국에는 왼손잡이 연합이 있어 의원을 하원에 보내는가 하면 계산기를 왼손으로 치는 사무원에게 오른손을 쓰도록 강요한 회사를 상대로 법정투쟁을 벌이는 등의 파워 행사를 하는 한편 왼손잡이 전용상품을 개발, 전국에 150개 연쇄점을 영위하고 있다.

성인 200만의 왼손잡이 수는 소비자 파워로도 막강하고 경제적으로도 자립을 할 수 있는 시장이요 전통적 편견에 대결해 싸울 지적 전력도 충분하다고 본다.

이와 같이 글이 기승전결을 갖추면 논리정연하고 재미있다. 이 글도 일반적으로 그다지 알려져 있지 않은 찰리 채플린의 일화로 호기심을 자극하며 이야기를 시작했다. 승에서는 미국 대통령, 우리나라의 실태, 존 우좌비 사상으로 왼손잡이 이야기를 구체적으로 풀어나갔다. 전에서는 장소를 바꾸어 미국의 왼손잡이 연합운동에 대해 설명하고 있다. 결에서는 왼손잡이 시장을 간과해서는 안 된다는 메시지로 마무리를 지었다. 정말 재미있고 곱씹어 볼 만한 내용이다.

프레젠테이션을 할 때도 사전에 철저히 준비해서 기승전결 화법을 활용해 보자. 그러면 논리와 재미, 두 마리 토끼를 한꺼번에 잡을 수 있을 것이다.

"**기** 여러분, 만일 휴대폰에 이러이러한 기능들이 있다면 어떨까요? 최근 저희가 입수한 정보에 의하면 미국 A사에서 이러이러한 휴대폰을 개발 중이라 합니다. **승** A사는 이를 위해 구체적으로 …… 한 마디로 A사는 스마트한 휴대폰을 준비하고 있습니다. **전** 우리 회사가 지금처럼 피처폰에 계속 주력한다면 …… 매우 곤란한 상황에 처할 것입니다. **결** 우리 회사도 이러한 상황에 …… 당장 개발에 착수해야 합니다."

이와 같이 기승전결 형식으로 이야기하면 다음과 같은 효과를 볼 수 있다.

첫째, 전달할 내용의 설득력이 비약적으로 증가한다. 청중으로부터 '정말 그렇구나.' 하는 공감을 이끌어낼 수 있기 때문이다.

둘째, 이야기가 재미있다. 구체적인 이야기 두 가지가 나오기 때문에 듣는 사람의 관심이나 흥미를 불러일으킬 수 있다.

셋째, 자신의 메시지를 짧은 시간 안에 충분히 전달할 수 있다.

넷째, 강렬한 인상을 주기 때문에 청중들의 뇌리에 깊이 박힌다.

'이규태 코너'가 보여준 기승전결의 묘미. 매일 아침 그것은 나에게 지적 즐거움을 만끽하게 해 주었다. 청중의 관심을 높이고 반전의 묘미를 이끌어내는 방식 중에 기승전결만한 것도 없다. 음악, 영화, 드라마, 소설 그리고 프레젠테이션도 마찬가지다.

움직이면서 말하지 말고,
말하면서 움직이지 마라

다 같이 원 빠빠-빠빠 빠빠-빠빠

소리쳐 호 뛰어봐 쿵

날 따라 해 엄마도 파파도 같이

Go 빠빠-빠빠 빠빠-빠빠

신나게 Go 빠빠-빠빠 빠빠-빠빠

소리쳐 호 뛰어봐 쿵 날 따라 해

팝 팝 크레용팝 Get Set Ready Go

아이돌 그룹 '크레용팝'의 노래 '빠빠빠'다. 대형 기획사를 등에 업은 것도 아니고 섹시 컨셉도 아니었지만, 헬멧과 추리닝 복장으로 다른 걸그룹들과 차별화해서 큰 성공을 거뒀다. 2013년 여름을 강타한 최고의 히트곡이 아닐까 싶다. 그런데 요즘 인기를 끄는 이런 노래를 들으면, 중독

성은 강하지만 가사나 음악을 이해하기는 어렵다. 그냥 나도 모르게 "빠빠빠" 할 뿐이다.

15년쯤 전이었다. 롯데그룹 인재개발원에서 '사내강사 양성과정'이라는 주제로 강의를 진행하고 있었다. 실습을 시키자, 한 참가자가 자신감 있게 강의를 했다. 그런데 너무 여기저기 왔다 갔다 하면서 강의를 하기에 한 마디 했다.

"그렇게 왔다 갔다 하면서 강의를 하면 안 됩니다. 그러면 교육생들의 주의가 분산됩니다. 움직일 때는 이야기를 하지 말고, 중요한 이야기를 할 때는 멈춰 서서 자세를 바로 잡고 이야기 하세요."

그러자 쉬는 시간에 교육생 한 명이 다가왔다.

"제가 그 동안 연극을 했습니다. 그러다 잘 안 되어 회사에 취직을 했는데, 오늘 강사님께서 지적하신 내용이 연극에도 그대로 통용됩니다. TV에 나오는 연기자와 달리 연극을 하는 연기자는 선동후사先動後詞법을 꼭 지켜야 합니다. 그것이 일류 연기자와 삼류 연기자의 차이입니다."

"아, 그래요. 저는 너무 움직이니까 산만해져서 피드백 한 것뿐인데. 그런데 선동후사법이 뭐예요?"

"선동先動, 먼저 움직이고, 후사後詞, 나중에 말하라는 거죠. 그래야 관객들이 대사를 알아들으니까요."

"아, 그런 게 있었네요."

"마당놀이를 보세요. 흥겨운 가락으로 춤을 추다가도 대사를 읊을 때는 서서 하잖아요."

"아하, 그러네요. 선동후사. 감사합니다. 제가 강의할 때 그걸 꼭 알려

쥐야겠네요."

　프레젠테이션 할 때도 마찬가지다. 너무 여기저기 왔다 갔다 하면서 말을 하면, 청중은 도대체 무슨 이야기를 하고 있는지 헷갈려 한다. 움직이다 보면 스크린을 가릴 때도 있다. 청중에게 보여주려고 띄운 스크린을 가려서는 안 된다.

　지나치게 움직이는 것은 금물이다. Show-See-Speak면 충분하다. 무언가 강조하고 싶을 때는 청중 앞으로 다가가라. 그리고 다가갈 때는 절대로 말을 하지 마라. 다가가서 자세를 바로 잡은 다음에 이야기를 시작하라. 그래야 청중의 주의를 집중시킬 수 있다.

　요즘 댄스 그룹 아이돌의 노래는 나처럼 나이 든 사람들에게는 이해하기 어려운 점이 많다. 너무 움직이면서, 아니 춤을 추면서 노래하기 때문이다. 내가 젊었을 때, 가수들의 노래를 들으면 가슴이 저미고 눈물이 나곤 했다. 멜로디에서 전달되는 감성도 중요했지만, 가사를 들을수록 나와 동병상련이라는 느낌이 들었다. 차분하게 서서 부르며 가사를 전달하는 노래들은 나를 무장해제시켰다.

　프레젠테이션도 마찬가지다. 말을 할 때는 움직이지 말라. 발표자가 너무 이리 저리 움직이면서 이야기하면 청중은 산만해진다.

도입은 미지의 세계를
없애는 것으로부터 시작한다

    프레젠테이션이 시작되면, 향후 어떤 내용이 어떻게 전개될지 알고 있는 사람은 발표자뿐이다. 청중은 미지의 세계에 빠지게 된다. 미지의 세계, 즉 불확실한 세계에 빠진다는 건 기분 좋은 일일까, 기분 나쁜 일일까? 정말 기분 더러운 일이고, 무엇보다 불안하기 짝이 없다. 프레젠테이션이 시작되면 발표자는 가능한 한 빨리 그런 상태를 해소시켜야 한다.

    그렇다면 미지의 세계는 어떻게 없애야 할까? 크게 세 가지 방법이 있다. 첫 번째는 프레젠테이션 할 주제의 제목이다. 제목만 보고도 앞으로 전개될 내용을 대략 짐작할 수 있게 만들어야 한다. 두 번째는 결론이다. 일반적으로 생각을 할 때는 서론-본론-결론의 순으로 정리하지만, 보고받는 사람의 입장에서는 결론부터 이야기를 해주어야 이해가 빠르다. 세 번째는 목차다. 목차를 통해 프레젠테이션 내용의 전체 틀을 보여주어야 한다. 지금부터 이 세 가지에 대해 하나씩 살펴보자.

먼저 제목부터 알아보도록 하자. 사원 시절, 선배들이 프레젠테이션 하는 모습을 자주 보게 되었다. 그런데 이상한 점은 며칠 밤을 새며 열심히 준비했음에도 불구하고, 첫 페이지도 못 넘기고 깨지는 일이 다반사였다. 왜 그랬을까? 바로 제목 때문이다. 당시, 실장님께 어떤 사안을 기획해서 올리면 직원들에게 자주 하는 소리가 있었다.

"제발, 제목만 보고 사인할 수 있게 해 다오, 제목만. 내가 언제 이걸 다 읽어보겠냐?"

처음엔 높은 사람들이 으레 하는 소리겠거니 생각했다.

'에이, 어떻게 제목만 보고 사인을 하게 만들어. 말도 안 되는 소리지.'

그러나 제목이 얼마나 중요한지 깨닫기까지 그리 오랜 세월이 걸리지는 않았다. 제목은 왜 중요할까? 먼저 아래 글을 읽고, 무엇을 설명하고 있는지 맞춰 보자.

금방 갈 것처럼
내 안으로 들어와 놓고

주인 행세하는 거
금방이라니까요

올 때는 조용히 쓰윽 들어와 놓고
나갈 때는 야단법석 난리 쳐도 안 가요

어쩔 수 없나요?

그냥 있어야 하나요?

이건 아니지

이건 아니지

손님 좀 나가 주시죠?

나, 주인이거든요

이 글의 제목을 알아맞힐 수 있겠는가? 아마도 이 글이 무슨 내용을 이야기하는지조차 파악하기 어려울 것이다. 이와 같이 제목을 모르면 뒤에 전개되는 글의 내용도 이해하기 어렵다. 문서도 마찬가지다. 제목을 정확하게 잡아 주어야 문서의 내용도 쉽게 이해할 수 있다.

위의 글은 아동문학가 박희순의 시 '슬그머니 들어온 습관'이다. 이제 제목을 알았으니 다시 읽어 보라. 글의 내용뿐만 아니라, 얼마나 정갈하게 표현한 시인지 그 감상도 놓치지 않을 것이다. 이와 같이 제목은 매우 중요하다. 그렇다면 프레젠테이션 할 때는 제목을 어떻게 잡아야 할까?

"내가 무엇을 위해 어떠한 제안서를 만들려고 하는가?"

이 질문에 대한 답이 바로 프레젠테이션의 제목이 되어야 한다. 그 답은 제안의 '목적'과 '범위'에서 찾을 수 있다. 제목에는 제안의 목적과 범위가 들어가 있어야 한다. '무엇을 위해'가 바로 목적이다. 목적은 일의 본질이다. 그리고 '어떠한 제안서를 만들려고 하는가?'에 대한 답이 일의 범위이다.

　의사결정권자들이 제목을 통해 알고 싶은 것은 '일의 본질이 무엇인가?' 와 '일의 범위가 무엇인가?' 두 가지다. 즉, 발표자가 이번 제안을 통해 '무엇을 위해 무엇을 하고자 하는가?' 를 명확히 하라는 것이다. 그래서 가급적 제목을 잡을 때는 '~을 위한 ~(안)' 의 형태로 잡아야 한다. 그래야 청중이 앞으로 전개될 내용을 대략 짐작할 수 있고, 그 내용도 쉽게 이해할 수 있다.

　앞에서 프레젠테이션 교육 참가자가 고객사에 제안한 제목을 소개한 바 있다. 바로 '안정적인 시스템 운영을 위한 A 서버 구입방안' 이었다. 이런 방식으로 '효율적 재고관리를 위한 PCS 구축안' '안정적인 유통주문처리를 위한 EDI시스템 개선안' 등의 제목이 탄생한 기억도 떠오른다. 여기서 PCS는 Pallet Control System의 약자이고, EDI는 Electronic Data Interchange의 약자다.

　그런데 이렇게 목적과 범위로 잡으면 제목이 길어지는 경우가 자주 있다. 제목은 짧을수록 좋다. 어떻게 하면 제목을 짧게 잡을 수 있을까? 바로 목적과 범위를 결합하는 것이다.

　예를 들어, '창조건설 생산력 강화를 위한 페가수스 생산지원 시스템' 이라는 제목이 있다고 치자. 목적과 범위가 분명하고 전개될 내용도 한눈에 들어온다. 그러나 제목은 짧을수록 좋다고 했다. 이 제목에서는 '생산력 강화를 위한' 이라는 목적과 '생산지원' 이라는 부분이 중복된다. 따라서 '생산력 강화를 위한' 이 필요 없고, 제안의 당사자인 '페가수스' 도 필요 없다. 이 두 부분을 줄이면 '창조건설 생산지원시스템 설명회' 가 된다. 이것만으로도 의미가 충분히 전달되지 않는가?

꽤 오래 전의 일이다. 한 통신회사 광주 서부 네트워크 본부에서 강의를 한 적이 있다. 강의가 끝나고 본부장을 비롯해 팀장들과 함께 저녁식사를 했다. 그때 본부장이 굉장히 아쉬워했던 기억이 난다.

"아쉽네요. 소장님."

"뭐가 아쉬우세요. 오늘 제가 뭐 잘못 강의한 게 있나요?"

"한 일주일 전에만 강의를 들었어도 참 좋았을 텐데요."

"왜 그러시는데요?"

"5일 전에 사장님이 내려오셨어요. 팀장 한 명이 프레젠테이션을 했는데, 제목 때문에 30분 동안 깨졌거든요. 그때는 왜 깨졌는지 몰랐는데, 오늘 강의를 듣고 확실하게 깨달았습니다."

"왜 깨지셨는데요?"

"아까 제목 잡는 법 설명하셨잖아요. 그때 제목을 짧게 잡으려면 목적과 범위를 결합하라고 하셨잖아요?"

"네 그랬죠. 목적과 범위를 결합시켜라."

"제목을 짧게 잡아 보고하긴 했는데, 제목에 범위가 안 보였네요. 그러니 사장님께서 그렇게 뭐라고 하신 거였어요. 그때 제목을 '통화품질 최적화 방안' 하고 보고했는데, 'OOO'이라는 범위가 들어갔어야 했던 거 같습니다. 'OOO 통화품질 최적화 방안'으로 제목을 잡으면 '통화품질 최적화'가 목적이고, 'OOO 통화품질'이 범위가 되니까 사장님이 한 눈에 파악할 수 있었을 텐데. 제목이 짧으면서도 사장님이 원하시는 게 다 들어가고……."

"저도 아쉽네요. 원래 제목에도 범위가 없었던 건 아니에요. '통화품질'도 범위긴 하죠. 그런데 구체적이지 않은 게 문제였어요. CEO들은 굉장히 구체적이에요. 'OOO 통화품질'로 범위를 잡으니 구체적이잖아요."

"생각해 보니 정말 그러네요. 구체적으로 범위를 잡아라. 앞으로 그 말 가슴에 새기겠습니다."

"목적을 명확화 하는 것도 어렵지만, 범위를 구체적으로 잡는 것도 만만치 않습니다. 이번 일을 계기로 앞으로 잘 하시면 되죠."

서울로 돌아가는 KTX를 타면서 다시 한 번 느꼈다. 역시 CEO들은 제목을 통해 알고 싶어 하는 게 똑같다는 것을…….

제목을 짧게 잡고 싶다면 목적과 범위를 결합하면 된다. 그러나 무리하게 짧게 잡을 필요는 없다. 짧은 것보다 중요한 건 목적과 범위가 들어가야 한다는 것이다. 말도 안 되게 짧게 잡는 것보다는, 다소 길더라도 의사결정권자가 보았을 때, 제목만으로도 앞으로 전개될 내용의 대략적인 감을 잡을 수 있는 쪽이 훨씬 낫다.

노파심에 한 가지 덧붙이자면, 제목을 언급하기 전에 자기소개부터 하라. 자기소개는 소속, 직위, 성명의 순으로 하면 된다. 그것이 청중이 궁금해 하는 순서다. 때때로 긴장한 나머지 자기소개도 안하고 프레젠테이션을 하는 경우를 보게 되는데, 자기소개도 미지의 세계를 없애는 작은 부분임을 명심하기 바란다.

결론부터 이야기해야
청중의 이해가 빨라진다

　미지의 세계를 없애는 두 번째 방법은 '결론부터 이야기 하는 것'이다. 물론 모든 프레젠테이션을 결론부터 이야기할 필요는 없다. 신제품 설명회와 같이 청중이나 소비자들의 호기심을 자극해야 할 때는 기승전결 방식으로 풀어나가는 것이 좋다. 그러나 긴급을 요하는 일이거나 업무보고를 할 때는 결론부터 이야기 하는 편이 훨씬 효과적이다.

　먼저, 결론부터 이야기하는 것이 얼마나 효과적인지 살펴보도록 하자. 아래의 글은 한 여대생이 친구에게 보낸 이메일이다.

안녕 유진아. 지난 주 영화 보러 가서 네가 나한테 어떻게 했는지 아니? 네가 저녁 산다고 영화표는 나보고 예매하라고 했잖아. 그래서 내가 예매했어. 영화관에 들어갈 때 팝콘이랑 오징어랑 콜라도 내가 샀고. 영화 보고 나서 저녁 먹을 때 내가 그냥 피자랑 스파게티 시켜 먹자고 하니까, 네가 산다고 비싼 스테이크 시켜 먹었잖아. 난 깜짝 놀라서 스테이크 먹으면서 너무 행복했어. '이런 게 친구구나' 싶더라. 그런데 뭐니? 계산할 때 다 돼서 지갑을 안 가져 왔다고?

그리고 그 다음 날 네가 우리 집에 놀러 왔길래 내가 치킨 샐러드랑 떡볶이까지 만들어 줬잖아. 그렇게 맛있게 먹어 놓고 우리 푸들 세미가 네 발을 핥으니까 세미를 발로 차면서 "저리가, 이 검둥아. 냄새 나!" 하고 윽박질렀지? 세미는 내 친동생이나 마찬가지야. 내 친동생을 발로 차? 기가 막혀서 말문이 막혔어.

또 어제 고등학교 동창들 오랜만에 만나서 술 마시며 수다를 떨어서 너무 기분이 좋았어. 나는 술이 약해서 조금만 마시려고 했는데, 네가 뭐라고 했니? 네가 나를 우리 집까지 데려다 준다고 걱정 말고 마시라고 했잖아. 그런데 술에 취한 나를 팽개치고 남자 친구랑 약속이 있다고 중간에 갑자기 나갔잖아. 어제 미지가 집에 데려다 주지 않았으면 길에서 얼어 죽을 뻔했어. 뭐니, 이렇게 추운 날. 그래서 나는 네가 정말 싫어. 다시는 너랑 친구로 지내고 싶지 않아.

이런 식으로 이메일을 보내면 끝까지 읽어 봐야만 무슨 내용인지 알 수 있다. 그런데 만일 이 이메일을 완전히 뒤집어서 결론부터 말하면 어떻게 될까?

안녕, 유진아. 나는 네가 싫어. 다시는 너랑 친구로 지내고 싶지 않아. 그 이유를 말해줄게.
첫째, 내가 영화표 사면 네가 저녁 산다고 해 놓고 나한테 바가지 씌웠어.
둘째. 너는 내 동생 세미를 발로 차고 윽박질렀어.

셋째. 너는 술에 취한 나를 버리고 갔어. 미지 아니었으면 길바닥에서 얼어 죽을 뻔했어.

이렇게 쓰면 읽는 사람 입장에서 훨씬 이해가 잘 될 것이다. 물론 친구 사이에 이렇게 삭막하게 글을 쓰지는 않겠지만 말이다. 그러나 비즈니스맨이라면 이야기가 달라진다.

가끔씩 비즈니스맨들을 대상으로 이메일 쓰는 법에 대해 강의를 할 때가 있다. 요즈음은 이메일로 업무보고를 하는 경우가 많은데, 젊은 비즈니스맨들이 앞의 사례와 같이 이메일을 작성하는 경우가 많다고 한다. 상사들 입장에서는 정말 돌아버릴 일이다. 보고를 받는 사람 입장에서는 '결론부터 이야기하고, 왜 그런 결론을 도출할 수밖에 없었는지'를 설명해야 이해가 빠르다.

결론부터 프레젠테이션을 하면 세 가지 이점이 있다.

첫째, 앞에서 언급한 것처럼 청중의 이해가 빨라진다.

둘째, 결론을 두 번 이야기할 수 있다. 처음에 한 번, 끝맺을 때 한 번. 그럼으로써 청중에게 결론을 확실히 각인시킬 수 있다.

셋째, 프레젠테이션을 하다가 시간이 부족하면 근거 한 가지 정도는 생략하거나 간단히 언급해도 청중이 충분히 이해한다. 결론을 처음에 이야기하지 않고 진행하면, 나중에 시간에 쫓겨서 청중이 이해를 하든 못하든 아랑곳하지 않고 슬라이드를 계속 넘기며 숨이 턱에 찰 만큼 빠른 속도로 이야기를 한다. 그러고는 "후유, 간신히 끝냈네." 하며 안도의 숨을 쉰다. 뭘 끝냈는지 나는 이해를 못하겠다. 그건 자기 혼자 끝낸 거지, 제대로 프레젠테이션을 마무리한 게 아니다.

비즈니스맨이라면 결론부터 보고하는 습관을 들이자.

한 장짜리 요약본으로
전체가 한눈에 보이게 하라

"소장님, 지난 번에 고객사에 제안을 하러 갔다가 정말 황당한 일을 겪었습니다."

"황당한 일? 도대체 무슨 황당한 일이었습니까?"

"한 시간 동안 프레젠테이션을 하기로 사전에 약속을 했거든요. 그래서 철저히 준비하고 갔는데, 시작하려고 하니까 갑자기 10분 안에 끝내 달라고 하지 뭡니까? 정말 황당했어요. 우리는 기술적인 내용이라 양이 많거든요."

"갑자기 그런 이유가 뭐라고 하던가요?"

"의사결정권자가 갑자기 바쁜 일이 생겼다고 하더군요. 이럴 땐 어떻게 해야 하나요?"

"프레젠테이션을 제대로 못하셨겠네요?"

"당근이죠. 완전 망쳤죠."

"본인만 손해였겠군요?"

"네, 두 말하면 잔소리죠."

"그래서 비즈니스맨은 항상 '한 장짜리 요약본Executive Summary'을 만들어야 해요."

"한 장으로 요약하기가 쉽지 않잖아요?"

"어렵지 않아요. 비즈니스 논리 구조만 알면 됩니다."

"아, 그래요?"

"그런데, 요약의 뜻이 뭔지 정확히 아세요? 그걸 알아야 한 장으로 요약할 수 있지 않겠어요?"

"음……."

"정보의 요점을 파악해서 집약하고, 전체 상을 이해할 수 있게 만드는 것이 요약입니다. 전체 상을 이해할 수 없다면, 그건 요약이 아닙니다."

"잘 이해가 안 되는데요."

"고궁에 가면 약도가 있어요. 처음 가면 그걸 보잖아요. 그게 요약이에요. 그걸 봐야 고궁의 전체 상을 한 눈에 파악할 수 있거든요."

"아하! 이제 감이 좀 오는군요."

프레젠테이션을 하든 문서로 보고를 하든, 비즈니스맨은 상대방을 설득할 수 있는 논리 구조를 갖추어야 한다. 비즈니스의 논리 구조, 이것이 '스토리 라인Story Line'이다. 스토리 라인을 구성할 때는 다음과 같은 세 가지를 갖추어야 한다.

첫째가 결론 메시지다. 이때 과제에 대한 결론을 명확히 하는 것이 중요하다. 둘째가 논리적인 구성이다. 왜 그러한 결론을 도출할 수밖에 없

결론 메시지	논리적인 구성	근거 증명
과제에 대한 결론의 명확화	결론을 뒷받침하는 논리	논리를 증명하는 근거(사실)

었는지에 관한 논리가 명확해야 한다. 마지막이 근거 증명이다. 근거는 반드시 팩트Fact여야 한다. 이때, 팩트는 '입증 또는 반증이 가능한 것'이어야 한다. 반드시 입증할 수 있는 팩트로 근거를 설명해야 한다. 그래야만 청중을 설득할 수 있다.

논리를 구성할 때 흔히 범하는 잘못이 있다. 바로 '결론'이다. 비즈니스에서 결론이란 '과제에 대한 답변Answer'을 뜻한다. 자신이 말하고 싶은 게 결론이 아니라 주어진 과제에 대한 답변이 바로 결론이다. 절대 잊지 말기 바란다.

예를 들어, 사장님이 "우리 회사는 도소매업에 진출해야 하는가?" 하고 과제를 주었다. 그런데 보고 당일 프레젠테이션을 할 때, 결론을 "도소매업에 진출하기 위해서는 경쟁사의 동향과 사업의 수익성을 충분히 분석해야 합니다."라고 말했다고 치자. 그러면 듣는 사장 정말 짜증난다. "진출해야 한다." 아니면 "진출하면 안 된다." 둘 중 하나로 결론이 나야 한다. 즉, 'Yes or No'로 결론을 내야 한다.

가슴에 손을 얹고 생각해 보자. 나는 도소매업 사례처럼 보고 한 적이

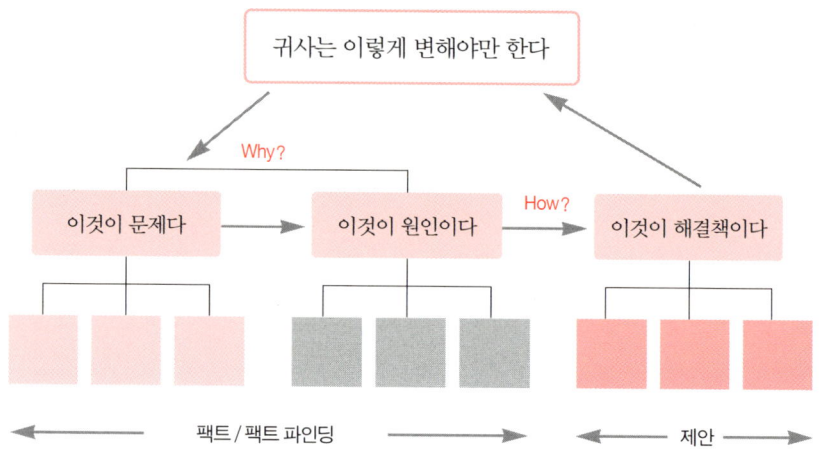

★ 〈2-6〉 피라미드 구조 스토리 라인 ★

귀사는 이렇게 변해야만 한다

Why?

How?

이것이 문제다 → 이것이 원인이다 → 이것이 해결책이다

← 팩트 / 팩트 파인딩 → ← 제안 →

없었는지……. 내가 사원 시절 가장 많이 범한 잘못도 바로 결론이었다. 그때는 내가 말하고 싶은 게 결론인 줄 알았다.

스토리 라인을 구성할 때 도움이 되는 것이 있는데, 바로 '피라미드 구조Pyramid Structure' 다. 피라미드 구조는 맥킨지 최초의 여성 컨설턴트인 바바라 민토Babara Minto가 개발한 것이다.

피라미드 구조란 결론을 정점으로 '왜 그러한 결론을 도출할 수밖에 없었는지'에 대한 논리를 만드는 구조다. 스토리 라인을 개발할 때, 피라미드 구조보다 간단하고 강력한 방법은 없는 것 같다. 피라미드 구조는 요약할 때도 정말 강력하다. 표 〈2-6〉을 보자. 이 표는 피라미드 구조로 스토리 라인을 구성하는 방법들 중 하나다.

먼저, 결론을 피라미드 구조의 정점에 적는다. 바로 아래에는 '왜 그러한 결론을 도출할 수밖에 없었는지'에 관한 논리를 적는다. 이것을 '키 라인Key Line'이라고 한다. 맨 밑은 '서포트 라인Support Line'이다. 키 라인의 근거를 입증할 수 있는 '팩트'나 '팩트로부터 추론한 것Fact-Finding' 또는 '키 라인의 해결책에 대한 구체적인 제안'을 적으면 된다. 지금부터 어떻게 스토리 라인을 피라미드 구조로 만들어 '한 장짜리 요약본'을 완성하는지 도표〈2-7〉사례와 함께 알아보자.

"그럼 먼저 결론부터 보고 드리겠습니다. 지금 당사의 왁스 사용 금액 및 사용량을 10% 이상 절감해야 합니다."

청중의 머릿속에 '왜 절감해야 하지?' 하는 생각이 떠오른다. 이어서 키 라인을 설명한다.

"조사결과, 매장 내 바닥 청소 문제는 왁스 사용량이 과다하기 때문에 발생했습니다. 왜 왁스 사용량이 과다할까요? 장비가 부족하고 작업시간이 부족하기 때문입니다. 이를 하루 빨리 해결하기 위해서는 장비를 자동화하고 작업 방법을 개선해야 합니다."

청중의 머릿속에 '과다해? 얼마나 과다하지? 장비와 시간이 부족하다고? 충분하지 않나? 자동화하려면 돈이 많이 들지 않나?' 하는 의문들이 들기 시작한다.

"왁스 사용량이 과다하다는 근거는 이렇습니다. 현재 21개 점포 기준으로 매달 1억3천만 원이 소요되고 있습니다. 광택도의 경우, 60을 유지해야 하는데, 현재는 왁스의 내구성과 광택도가 …… 원인에 대한 근거로는 …… 따라서 구체적인 해결책으로 …… 이러한 내용을 하루 빨리 시행해야 합니다."

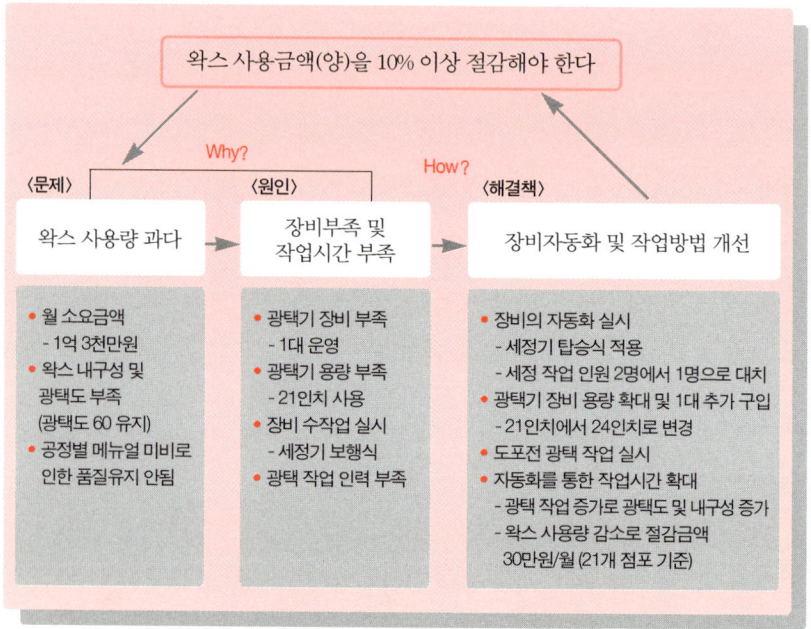

이처럼 피라미드 구조로 만든 '한 장짜리 요약본'은 청중의 이해를 돕고, 프레젠테이션의 전체상을 설명하기 위해 반드시 필요하다. 프레젠테이션이건 문서건 한 장으로 요약하는 습관을 갖자. 한 장으로 요약할 때는 반드시 결론을 먼저 제시해야 한다는 점도 잊지 않도록 하자.

정보 전달의 기본은
Whole-Part-Whole법이다

"도대체 언제 끝나는 거야? 약속 시간 제대로 늦었네."

" '마지막으로' 이 말은 왜 안 나오지. 정말 짜증나네."

"아이고, 배고파. 이제는 아무 이야기도 귀에 들어오질 않네."

회사 다닐 때, CEO나 임원들께서 갑자기 직원들을 모아 놓고 한 말씀 하실 때가 많았다. 평소 그들의 메시지를 직접 들을 수 없었던 나에게는 최고경영층의 의사를 직접 확인할 수 있는 더 없이 좋은 기회였다. 나는 업무수첩을 꺼내서 한 마디도 놓치지 않을 기세로 빼곡히 메모해나갔다. 하지만 얼마 지나지 않아 기세가 꺾이기 시작했다. 갑자기 뱃속에서 "꼬르륵" 소리가 들려왔다.

"아이고, 배고파. 도대체 몇 가지를 이야기하시려는 거지. 세 번째까지는 적었는데 더 이상은 못 적겠네. 약속 시간도 다 돼 가는데 언제쯤 끝나려나."

'마지막으로' 라는 말이 나오기만 기다렸다.

"자, 그럼 여러분들께 마지막으로 당부하고 싶은 것은……."

"야호, 드디어 끝나는구나."

"아, 한 가지 빼먹었네요. 하나만 더 보태면……."

돌아버릴 뻔했다. 처음 시작할 때 전체적으로 몇 가지를 이야기할 건지 분명히 하셨다면, 끝까지 집중력을 발휘했을지도 모른다. 끝이 안 보였다. 이야기가 귓가를 맴돌 뿐, 머릿속으로 들어오지 않았다. 점점 지루하고 답답한 마음이 극으로 치닫고 있었다.

예전에 KBS 사극 〈명성황후〉에서 배우 이미연이 명성황후 역을 맡았다. 그 드라마에서 "내가 조선의 국모다."라고 외치면서 연기하는 이미연의 카리스마는 정말 장난이 아니었다. 이미연이라는 이름을 다시 한 번 각인시킨 열연이었다. 100회로 예정되어 있던 드라마는 인기에 힘입어 30회를 연장해서 방영하기로 결정이 났다. 그때, 이미연이 100회를 마지막으로 중도 하차하고 최명길이 그 배역을 이어받았다. 그 당시 이미연은 중도 하차한 이유를 이렇게 설명했다.

"100미터를 전력 질주한 사람에게 30미터를 더 달리라고 하면 달릴 수 있겠어요? 몸과 마음이 다 지쳐서 더 이상 최선의 연기를 펼칠 수 없었습니다."

이미연의 심정을 이해할 만 했다. 100회를 끝으로 알고 전력 질주하며 페이스 조절을 했는데, 더 이상 어떻게 좋은 연기를 펼칠 수 있겠는가?

처음부터 전체를 알고 있으면 인내심이 생기고 집중력을 발휘할 수 있다. 그리고 무엇보다 이해력이 향상된다. 책을 읽을 때도 목차를 보고 전

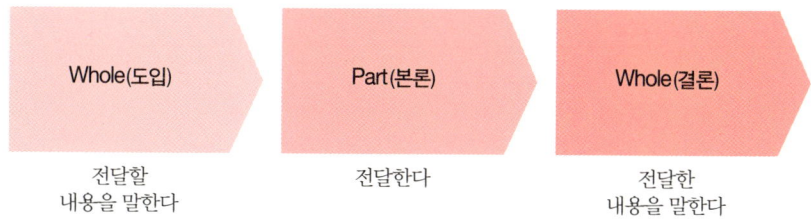

Whole(도입)
전달할
내용을 말한다

Part(본론)
전달한다

Whole(결론)
전달한
내용을 말한다

체적으로 어떤 내용들이 담겨 있는지부터 파악해야 내용을 쉽게 이해할 수 있다.

프레젠테이션도 마찬가지다. 프레젠테이션을 시작할 때, 전체적으로 무엇에 대해 몇 가지를 이야기할 것인지 청중에게 알려주어야 한다. 그래야 청중의 인내심과 이해력을 높일 수 있다. 이를 위해 발표자가 사용할 수 있는 방법이 Whole-Part-Whole법이다. Whole-Part-Whole법은 정보 전달의 기본이다.

그림 〈2-8〉과 같이 프레젠테이션 도입부에서 '지금부터 무엇을 전달할 지'를 청중에게 이야기한다. 그런 다음, 본론에 들어가서 하나하나에 대해 세부적으로 전달한다. 프레젠테이션을 마치기 전에도 지금까지 전달한 사항을 다시 한 번 이야기하면서 정리해주어야 한다. 그래야 청중의 이해도를 높이고 지루함을 막을 수 있다. TV 뉴스를 보면 처음에 어떻게 시작하는가?

"오늘의 헤드라인입니다. …… 오늘의 첫 소식은……."

Whole-Part-Whole법의 첫 번째 Whole은 목차를 이용하여 진행한다.

프레젠테이션 교육을 할 때, 나는 참가자들에게 현업에서 실제로 프레젠테이션 했던 자료를 가져 오라고 한다. 그 자료를 바탕으로 실습을 시키고 피드백을 한다. 그런데 실제 사용한 제안서나 보고서에 목차가 없는 경우가 많다. 목차가 없으면 청중은 발표자가 앞으로 무슨 이야기를 할지, 또 얼마나 많은 내용을 다룰지 전혀 감을 잡을 수 없다. 들으면 들을수록 인내심이 바닥나고 지루함을 느낀다. 그러면 결국 청중은 발표자가 전달한 내용을 아무것도 이해하지 못한다.

미지의 세계를 없애는 세 번째 방법이 바로 목차다. Whole-Part-Whole의 첫 번째 Whole에서는 목차를 활용하여 청중의 이해도를 높이고 지루함을 없애자.

프레젠테이션 내용이 많을 때는 Whole-Part-Whole법만으로는 부족하다. 이럴 때는 그림 〈2-9〉와 같이 Sub-whole, Sub-part, Sub-whole을 해주어야 한다.

목차의 한 항목을 시작할 때, 그 항목의 하위 항목들을 언급하는 것이

★ 〈2-9〉 Sub - whole, Sub - part, Sub - whole의 활용 ★

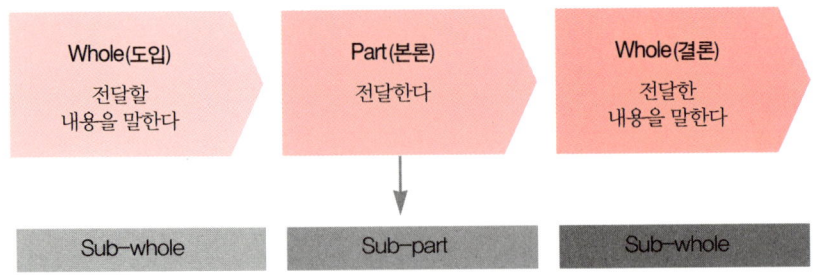

Whole(도입)	Part(본론)	Whole(결론)
전달할 내용을 말한다	전달한다	전달한 내용을 말한다
Sub-whole	Sub-part	Sub-whole

첫 번째 Sub-whole이다. 그런 다음, 하위 항목들을 세부적으로 전달하는 것이 Sub-part다. 세부적으로 전달한 후, 다음 항목으로 넘어가기 전에 지금까지 전달한 내용을 다시 한 번 정리해 주는 것이 마지막 Sub-whole이다. 그렇게 함으로써 청중의 이해도를 높이고 지루함도 막을 수 있다. 인간은 망각을 잘하는 동물이다. 이 점을 늘 생각하자.

초행길을 차로 가다 보면 이상하리만치 멀게 느껴진다. 가도 가도 끝이 안 보인다. 그런데 목적지에 도착해서 일을 마치고 집으로 돌아올 때는 늘 이런 소리를 한다.

"올 때는 먼 것 같더니, 갈 때는 정말 빨리 간다."

올 때나 갈 때나 거리는 똑같다. 다만 집으로 돌아갈 때는 머릿속에 길의 전체상이 파악되어 있기 때문에 빨리 가는 것처럼 느껴질 뿐이다. 전체를 아니까 지루하지 않은 것이다.

트랙커로 프레젠테이션의
이정표를 만들어라

"프레젠테이션이 지금 어디쯤 와 있지? 얼마나 더 해야 되는 거야?"

"지금 말하고 있는 내용이 전체 목차 중 어디에 해당하는 거지?"

"지금 세 번째 사항을 말하는 거야, 네 번째 사항을 말하는 거야?"

고속도로를 운전할 때와 지방도로를 운전할 때, 확연하게 차이가 나는 것이 있다. 고속도로를 운전할 때는 교통체증만 없으면 지루하지가 않다. 이정표가 자주 나오기 때문이다. 그 이정표를 보며 '지금 내가 어디쯤 와 있는지' 그리고 '얼마나 더 가면 되는지' 손쉽게 파악할 수 있다. 그러나 지방도로는 이정표가 많지 않아서 거리에 대한 감을 잡기가 어렵다. 게다가 길도 고속도로처럼 곧게 나지 않고 구불구불하기 때문에 제 시간에 도착할 수 있을지 불안하기만 하다.

프레젠테이션을 할 때도 이정표 역할을 하는 장치가 필요하다. 그래야 청중이 발표자가 말하고 있는 부분이 전체 중 어디에 속하는지, 앞으로 얼마나 더 가면 되는지 수월하게 파악할 수 있다. 프레젠테이션에서 이

3. 서부본부 3/4분기 중점추진과제

▶ Contents Marketing 확대

▶ 고객 Settlement 강화

▶ Communication 채널 효과적 활용

▶ 고객 이용 Barrier 개선

정표 역할을 하는 것이 트랙커다. 청중은 트랙커를 보면서 발표자가 지금 이야기하고 있는 부분이 전체 내용 중 어디에 속하는지 감을 잡을 수 있다. 또한 발표자가 앞으로 얼마나 더 이야기를 할 것인지 예측할 수 있어서 지루해하지 않으며 프레젠테이션에 집중할 수 있다.

표 〈2-10〉의 오른쪽 상단에 보이는 것이 트랙커다. 이 표의 트랙커를 보면, 현재 위치가 전체의 세 번째 부분에 해당한다는 것을 알 수 있다. 이를 통해 프레젠테이션 내용이 얼마 남지 않았음을 파악할 수 있다. 이렇게 트랙커를 이용해 청중의 이해도와 인내심을 높일 수 있다. 그림 〈2-11〉은 프레젠테이션에서 많이 쓰이는 트랙커들이다. 프레젠테이션의 분량이 적을 때는 이와 같은 트랙커를 이용하면 된다. 그렇다면 〈2-12〉의

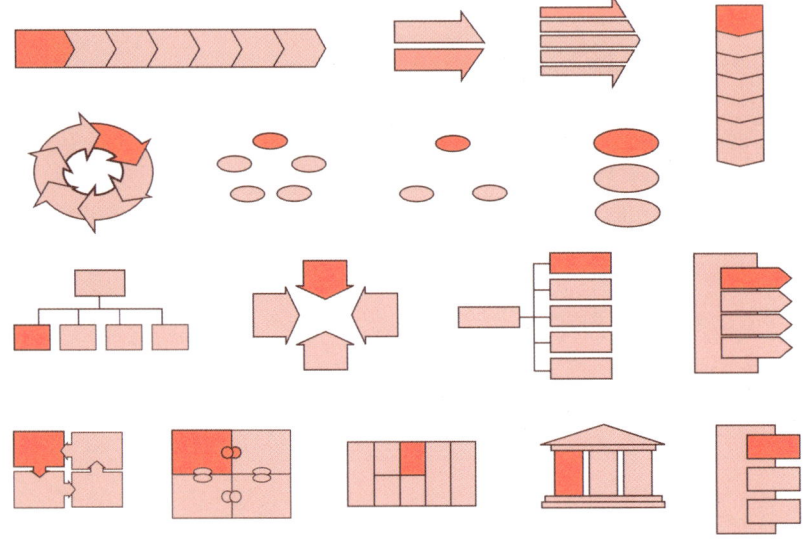

목차와 같이 양이 많을 때는 어떻게 해야 할까?

〈2-12〉의 목차에서 Ⅰ, Ⅱ, Ⅲ, Ⅳ와 같이 로마 숫자로 표기한 것을 '장
章'이라고 한다. 아라비아 숫자 1, 2, 3, 4로 표기한 장의 하위 항목을 '절
節'이라 한다. 프레젠테이션이 아니라 문서라면, 이와 같이 장뿐만 아니
라 절까지 목차에 일일이 적어 주는 것이 좋다. 그래야 문서의 전체 상을
파악하며 읽어 내려갈 수 있고, 내용도 쉽게 이해할 수 있다. 그러나 프레
젠테이션에서는 목차를 이런 식으로 만들면 안 된다. 청중이 이 페이지
를 본다면 한숨부터 쉴 것이다. 이렇게 양이 많을 때는 트랙커 페이지
Tracker Page를 만들어서 활용해야 한다.

먼저 〈2-13〉과 같이 장으로만 간단하게 슬라이드를 만든다. 이렇게 간

목 차

Ⅰ. 외부환경분석
  1. 업계 서비스 현황
  2. 주요 경쟁사 추진방향

Ⅱ. 내부역량분석
  1. 최근 1년간 이메일 시장 내 위치
  2. 최근 1년간 UV 변화 동향
  3. 내부 이용 행태

Ⅲ. 개편효과분석
  1. UV 및 신규가입자 개편 직후 지표변화
  2. Page Views 개편 직후 지표변화
  3. 내·외부 특성지표
  4. 메일+커뮤니티 탭 통합효과
  5. 로그인 이용자 변화
  6. Analysis by C.S.F.
  7. Analysis by As-is vs To-be
  8. SWOT Analysis

Ⅳ. 전략 수립
  1. OOO 메일의 가치와 목표
  2. 개편 이후 전략 대안 수립방향
  3. 실행 전략 6Ways
  4. Key Factor for Success
  5. 2/4분기 주요 실행 과제
  6. 2014년 2Q 주요 실행계획

목차

Ⅰ. 외부 환경 분석

Ⅱ. 내부 역량 분석

Ⅲ. 개편 효과 분석

Ⅳ. 전략 수립

단히 만든 목차를 보여 주며 다음과 같이 프레젠테이션을 한다.

"(청중의 누군가의 눈을 보고) 먼저 목차를 말씀 드리겠습니다. (시선을 바꿔 다른 사람과 아이 컨택을 하고) 첫 번째 (몸을 돌려 스크린의 첫 번째 항목을 본 후, 또 다른 사람과 아이 컨택을 하고) 외부 환경 분석으로부터 시작해서 (몸을 돌려 스크린의 Ⅱ, Ⅲ, Ⅳ를 잠시 응시한다. 이때 발표자는 절대 말을 해서는 안 된다. 그러면 청중이 Ⅱ, Ⅲ, Ⅳ의 내용을 훑어본다. 이렇게 짬을 둔 후, 몸을 돌려 청중 중 누군가와 아이 컨택을 하고) 마지막, 전략 수립의 순서로 보고 드리겠습니다."

이와 같이 간단한 목차는 '첫 번째 ~로부터 시작해서(스크린을 응시하면서 청중이 목차의 내용을 읽어 내려갈 때까지 잠시 짬을 둔다.) 마지막 ~의 순서로 보고 드리겠습니다.' 라고 하면 된다.

Ⅰ. 외부 환경 분석

1. 업계 서비스 현황
2. 주요 경쟁사 추진 방향

목차 다음 페이지에는 〈2-14〉와 같이 첫 번째 트랙커 페이지를 만들어 프레젠테이션을 한다.

"(슬라이드의 '외부 환경 분석'을 본 후 누군가와 아이 컨택을 하고) 첫 번째 외부 환경 분석은 (몸을 돌려 스크린의 내용을 본 후, 다른 사람과 아이 컨택을 하고) 업계 서비스 현황과 주요 경쟁사들의 추진 방향에 대해서 말씀 드리겠습니다."

트랙커 페이지를 이용하여 Sub-whole을 실시한 후, 다음 슬라이드로 넘기며 업계 서비스 현황과 주요 경쟁사 추진 방향에 대해 하나하나 구체적으로 설명한다. 이것이 Sub-part다. 그리고 나서 다음 트랙커 페이지가 나오기 전에 첫 번째 장인 외부 환경 분석에 대해 간단하게 Sub-whole로 마무리한다. 그런 다음, 버튼을 눌러 〈2-15〉와 같은 두 번째 트랙커 페이

II. 내부 역량 분석

1. 최근 1년간 이메일 시장 내 위치
2. 최근 1년간 UV 변화 동향
3. 내부 이용 행태

지를 띄운 뒤에 프레젠테이션을 진행한다.

"(누군가와 아이 컨택을 한 후) 지금까지 외부 환경에 대해 살펴보았습니다. (시선을 옮겨 다른 사람과 아이 컨택을 한 후) 자, 이러한 외부 환경 변화에 대응하기 위한 우리의 내부 역량은 과연 어떨까요? (시선을 바꿔 또 다른 사람과 아이 컨택을 한 후) 이를 위해 먼저 (몸을 돌려 스크린을 본 후 누군가와 아이 컨택을 하고) 최근 1년간 우리 이메일의 시장 내 위치에 대해 살펴보고 (시선을 바꿔 다른 사람과 아이 컨택을 하고) 두 번째 는 (몸을 돌려 스크린을 본 후 또 다른 사람과 아이 컨택을 하고) 역시 최근 1년간 UV 변화 동향에 대해 말씀 드리겠습니다. (시선을 옮겨 누군가와 아이 컨택을 한 후) 세 번째는 (몸을 돌려 스크린을 본 후 다른 사람과 아이 컨택을 하고) 내부 이용 행태입니다. (또 다른 사람과 아이 컨택을

목차

1. 블로그 CCL 도입배경과 목적
2. 블로그 저작물 피해 해결을 위한 CCL 도입의 필요성
3. 불로그 사용자 권리를 명확히 해 줄 수 있는 CCL 도입의 필요성
4. 경쟁사 대비 저작물 관련 사용자 만족도 높은 CCL 도입의 필요성
5. 블로그 CCL 적용 화면 설계
6. 실행계획

하고) 그럼 최근 1년간 우리 이메일의 시장에서의 위치는 어떻게 변화되었을까요? (수사적 질문을 던진 후, 버튼을 눌러 다음 슬라이드를 청중에게 보여준다.)

이와 같이 트랙커 페이지를 이용하여 Sub-whole, Sub-part, Sub-whole을 실행한다. 괄호를 아주 많이 사용하였는데, 프레젠테이션 경험이 별로 없는 독자들을 위해서 상세하게 설명한 것이니 이해하기 바란다. 프레젠테이션을 할 때, 그만큼 아이 컨택과 Show-See-Speak 테크닉이 중요하다는 점을 잊지 말기 바란다.

그렇다면, 〈2-16〉과 같이 목차가 장으로만 이루어진 경우에는 트랙커 페이지를 어떻게 만들면 좋을까?

이 경우에는 목차 페이지를 그대로 이용하면 된다. 목차를 이야기한

후, 그림과 같이 첫 항목에 색을 넣거나 박스를 쳐서 트랙커 페이지를 만든 뒤에 프레젠테이션을 하면 된다. 그런 다음, 앞에서와 마찬가지로 첫 번째 항목에 대한 Sub-whole을 실시한다. 첫 번째 항목에 대한 프레젠테이션이 끝나면 간단하게 요약해서 정리한 뒤에 목차 페이지를 다시 띄운다. 그런 다음, 두 번째 항목에 색을 넣거나 박스를 쳐서 트랙커 페이지로 활용하면 된다.

이와 같이 트랙커나 트랙커 페이지를 이용하면 청중의 이해도를 높일 수 있고, 인내심을 발휘하도록 자극할 수 있다. 트랙커는 한 마디로 미지의 세계를 찾아가는 길잡이 같은 역할을 한다.

회사소개를 주절주절 늘어놓지 말고
주제에 집중하라

"프레젠테이션 할 때, 저를 제일 짜증나게 하는 게 뭔지 아세요?"

"네? 그게 뭔데요?"

"지금 여러분들처럼 하는 거예요?"

"우리가 어떻게 했는데요?"

"본론의 첫 번째로 회사소개를 하셨잖아요. 그걸 왜 그렇게 길게 하세요? 듣고 있다가 청중이 모두 지쳐버리지 않겠어요? 주제에 집중하셔야죠. 오늘 여러분이 프레젠테이션 하려는 주제와 목적이 뭡니까? 지금 여러분 모습은 대학에 가서 회사설명회 하는 것 같아요. 아니, 여러분들 영업 프레젠테이션 하시는 분들 아니에요? 정작 중요한 이야기가 뒤로 밀려버렸잖아요. 회사소개 듣다가 프레젠테이션 끝나겠어요. 고객들이 여러분한테 프레젠테이션 해달라고 했을 때는 이미 여러분이 다니는 회사를 어느 정도 알고 있으니까 제안을 해달라고 한 거 아니겠어요?"

"하긴 그렇죠. 미리 프리 세일즈Pre-sales를 했으니까요."

"프리 세일즈를 안 했어도 그렇죠? 회사소개가 필요하면 여러분 회사의 홍보실에서 만든 안내자료 있잖아요. 외부 전문가에게 의뢰해서 상당한 돈을 들여 만든 거 말입니다. 차라리 그걸 핸드아웃 자료로 청중에게 배포하세요."

"아, 그런 방법도 있군요."

"앞부분에 회사소개를 넣는 건 예전에나 쓰던 방식이에요. 과거 우리나라 기업의 경험이 일천하던 시절에는 관공서에 가서 프레젠테이션을 할 때, 반드시 앞부분에 회사소개를 해야 했어요. 관공서 입장에서는 그 기업이 제대로 일을 할 수 있을지 없을지 불안했으니까요. 그러니 언제 설립했고, 자본금이 얼마고, 그 동안의 실적이 어떤지 확인해야 했죠. 그래서 회사소개를 반드시 해야 했어요."

"아, 그랬었군요."

"지금은 21세기에요. 인터넷에 들어가면 그 회사에 대한 정보를 웬만큼은 알 수 있어요. 지금 여러분이 만든 회사소개 부분은 너무 길어요. 게다가 다들 너무 비슷하잖아요. 다들 누군가가 잘 만들어 놓은 걸 복사해서 사용하고 있는 느낌이에요. 회사소개를 꼭 하고 싶으면, 본론 끝부분에 넣으세요. 그리고 양을 줄여서 이번 제안과 관련된 부분만 세 가지 정도로 정리해서 넣으세요. 프레젠테이션 할 때는 주제에 집중해서 하시기 바랍니다."

영업사원들을 대상으로 프레젠테이션 교육을 하다 보면, 흔히 보는 장면이다. 예를 들어, 고객사를 대상으로 '생산이력관리를 위한 사고 방지 시스템 구축안'이라는 주제의 프레젠테이션을 한다고 치자. 그런데 프레젠테이션의 본론 첫 부분에 회사소개가 등장한다. 게다가 지나치게 길다. 그러면 회사소개를 듣다가 청중은 지쳐버린다. 생각해보라. 청중이 듣고 싶어 하는 것이 무엇이겠는가? 당연히 생산이력관리를 위해 무엇을 해야 하는지, 목적과 주제에 집중해서 프레젠테이션을 진행해야 한다.

회사소개를 넣고 싶으면 주제에 대해 먼저 프레젠테이션을 한 후, 본론 끝 부분에 그 주제에 대한 솔루션을 수행할 능력과 자격을 갖추고 있다는 점에 맞추어 간략하게 하면 된다. 폭넓은 회사소개를 꼭 하고 싶다면, 홍보실에서 전문가에게 의뢰해 만든 자료를 별도로 배포하라. 관심 있는 청중은 나중에 읽어 볼 것이다.

Why 메시지 또는 넥스트 스텝으로
마지막을 장식하라

"감사합니다."

"Thank you."

"Thanks for Listening (또는 Reading)"

프레젠테이션의 마지막 페이지를 장식하곤 하는 말들이다. 슬라이드 전체에 "감사합니다"라는 말이 커다란 글씨로 쓰여 있다. 정말 짜증난다. 프레젠테이션을 마무리할 때는 Whole-Part-Whole법의 마지막 Whole을 실행하면서 전체적으로 정리를 하면 된다. 이때 중요한 것은 청중의 기억에 꼭 남기고 싶은 것 위주로 Whole을 실시해야 한다는 점이다. 그런 다음, 마지막 페이지에는 결론을 다시 한 번 진술하고 'Why 메시지'로 마무리 지으며 강력한 인상을 주어야 한다.

Why 메시지를 던지는 방법은 두 가지가 있다. 첫째는 고객사에 제안을 할 때다. 이 경우에는 결론을 진술하고 왜 우리 회사를 선택하지 않으

Why IPS

1. 네트워크 서비스 장애제거
2. 네트워크 비용 절감
3. 보안 시스템의 강화

면 안 되는지 그 이유를 세 가지로 정리해서 마무리한다. 둘째는 사내에서 제안을 할 때다. 이때는 자신의 결론을 진술하고, 왜 이러한 결론을 채택하지 않으면 안 되는지 그 이유를 세 가지로 정리해 주면 된다. 바꿔 말하면 본론부 내용의 핵심을 세 가지로 정리하여 청중의 뇌리에 제안의 당위성을 강하게 어필하는 것이다.

예를 들어, IPS침입 방지 시스템, Intrusion Prevention System와 관련하여, '안정적인 환경을 위한 IPS 도입안' 이라는 주제로 프레젠테이션을 한다고 치자. 이때, 마지막 페이지는 〈2-17〉과 같이 Why 메시지로 끝내는 것이 좋다. '왜 IPS를 도입하지 않으면 안 되는가?' 를 이야기하는 것이다.

"지금까지 IPS 도입 안에 대해서 설명드렸습니다. 마지막으로 왜 IPS를 도입해야 하는지, 세 가지로 정리해서 설명드리고 마치겠습니다. 첫째,

Next Step

1. 검토품목에 대한 추가 시장 조사
2. 기 진출 한국업체 및 유통업체 벤치마킹
3. 당사 제품에 대한 현지 시식 조사

IPS를 도입함으로써 웜과 해킹으로부터 유발되는 네트워크 서비스 장애를 제거할 수 있습니다. 둘째, 유해하거나 불필요한 트래픽을 사전에 차단함으로써 네트워크 비용을 절감할 수 있습니다. 셋째, 운영체제나 애플리케이션의 취약점을 사전에 보완함으로써 보안 시스템을 한층 더 강화할 수 있습니다."

Why 메시시를 던져라. 그러면 '감사합니다'로 끝내는 것보다 강렬한 인상을 줄 수 있다. 감사 표현은 프레젠테이션이 끝난 뒤에 말로 하면 충분하다. 프레젠테이션 주제에 집중해서 '왜 이 제품을 도입하지 않으면 안 되는지' 또는 '왜 우리 회사를 선택하지 않으면 안 되는지'에 관해 Why 메시지를 던져서 강렬한 인상을 주고 끝내야 한다.

일을 마무리 짓는 프레젠테이션이거나 선택에 관한 프레젠테이션일 때는 Why 메시지가 좋다. 그러나 프레젠테이션 이후의 과제와 검토사항 그리고 조정사항을 확인해야 할 때도 있다. 이때, 가장 중요한 것은 향후 계획과 스케줄이다. 이러한 사항이 있을 때는 '넥스트 스텝Next Step'을 이용하면 된다. 예를 들면 〈2-18〉과 같다. 한 회사의 중국시장 진출에 관한 추가 검토 사항이다.

"우리 회사는 36년간의 식품 경험을 토대로 대부분의 식품류에서 품질 및 가격 경쟁력을 갖고 있다는 것이 저희의 결론입니다. 그러면 중국시장에 진출하기 위해 좀 더 세부적으로 조사해야 할 사항에 대해서 보고하겠습니다. 첫째, 검토품목에 대해 추가 시장 조사를 해야 합니다. 특히 시장규모, 브랜드 선호도, 가격 및 마케팅 현황에 대해 세부적으로 조사할 것을 제안합니다. 둘째, 판매유통경로를 파악하기 위하여 이미 진출해 있는 한국의 기업 및 유통업체를 방문하여 벤치마킹을 해야 합니다. 셋째, 우리 회사 제품과 경쟁 제품의 품질과 맛에 대한 선호도를 파악하기 위해 현지 시식 조사를 해야 합니다. 2/4분기까지 이와 같은 조사를 마치면, 중국시장 진출에 대한 세부 실행 전략이 완료될 것으로 사료됩니다. 끝까지 들어주셔서 감사합니다. 그럼 중국시장 진출에 대한 질의응답 시간을 갖도록 하겠습니다."

프레젠테이션의 화룡점정이 바로 Why 메시지와 넥스트 스텝이다. Why 메시지와 넥스트 스텝이 당신의 프레젠테이션에 마침표를 찍어줄 것이다.

인품과 보디랭귀지가
가장 큰 영향력을 발휘한다

인자무적仁者無敵. 맹자에 나오는 이야기다. 인仁을 실천하는 사람은 누구도 대적할 수 없다는 뜻이다. 지금까지 프레젠테이션 스킬과 요령, 발표자의 화법에 대해 설명하였다. 그러나 이보다 더 중요한 것이 있다. 바로 평소의 인품人品이다.

인품이란 '사람이 사람으로서 지니는 품격이나 됨됨이'를 말한다. 프레젠테이션 기량이 아무리 출중하다 해도, 평소 지각을 일삼거나 일을 제대로 하지 않는 사람이라면, 그의 말을 신뢰하기 힘들다. 발표자의 이야기를 객관적으로 이해해야 하는 것이 옳지만, 실제로는 주관적으로 또는 감정적으로 받아들이는 사람들이 훨씬 많다.

'저 꼴도 보기 싫은 놈의 이야기를 30분이나 들어야 하다니.'

이런 상태로 시작하면 발표자가 아무리 정중하고 알기 쉽게 이야기를 해도 설득의 효과를 볼 수 없다. 그러니 평소에 성실성을 보이자.

사외 프레젠테이션이라면 초면인 경우가 많다. 초면인 경우에 발표자는 청중에게 좋은 인품을 가진 사람처럼 보여야 한다. 인품은 얼굴이 잘생겼냐 못생겼냐, 키가 크냐 작으냐, 말랐냐 뚱뚱하냐와 같은 신체의 문제가 아니다. 종합적으로 그 사람이 빚어내는 분위기다. 이 분위기에 영향을 미치는 것이 보디랭귀지Body Language다. 앨버트 메라비언의 법칙에서 프레젠테이션 할 때 가장 영향을 많이 미치는 것이 태도라고 했다. 발표자의 태도가 자신 있어 보이느냐 아니냐는 보디랭귀지로부터 나온다고 해도 과언이 아니다.

얼마 전, 후배 한 명으로부터 연락이 왔다. 사내 프레젠테이션 경연을 준비하고 있는데, 잘 안 된다고 도와달라는 내용이었다. 흔쾌히 허락하고 모임 장소로 가보니, 후배가 동료들과 프레젠테이션 슬라이드를 만드느라 여념이 없었다. 슬라이드마다 내용이 꽉 채워져 있었다. 찬찬히 살펴본 후, 일단 슬라이드에 글이 너무 많이 들어가 있다고 피드백하고, 발표자의 태도에 대해 알려주었다. 발표할 사람을 실습시키면서 아이 컨택부터 보디랭귀지까지 하나하나 설명해주었다.

"그런데 프레젠테이션에서 보디랭귀지가 뭘 이야기 하는 겁니까?"

"자기 자신을 잘 표현하기 위한 테크닉이지. 몸 전체적으로 느껴지는 분위기가 모두 보디랭귀지라고 할 수 있어."

"보디랭귀지에서 가장 중요한 건 뭔가요?"

"크게 세 가지로 볼 수 있어. 얼굴 표정, 목소리 그리고 손의 사용법."

"얼굴 표정, 목소리, 손의 사용법?"

"먼저 얼굴 표정은 당연히 밝아야 하겠지? 항상 웃는 얼굴이 좋아. 살짝 미소를 띠면 프로의 이미지를 주지 않겠어? 그런데 만약에 실적이 개 판인 상황을 설명해야 한다면, 그럴 때는 심각하고 진지한 표정을 지어야 하겠지. 밝은 표정을 유지하기 위해 가장 중요한 게 아이 컨택이야. 청중 과 아이 컨택을 하지 못하면 얼굴 표정이 밝아질 수 없으니까. 아이 컨택 에 대해서는 아까 내가 엄청나게 강조했지?"

"네. One Sentence One Person, Show-See-Speak. 그거 말이죠?"

"맞아. 둘째는 목소리야. 목소리는 맨 뒤에 있는 사람까지 들을 수 있 도록 해야 해. 안 들리면 짜증나잖아. 그런데 목소리는 크기뿐만 아니라 고저와 완급도 중요해."

"고저와 완급이요?"

"목소리가 프레젠테이션 하는 내내 일정하다고 생각해 봐. 얼마나 단 조롭고 지루하겠어. 무엇을 강조하는지도 잘 모를 테고. 발표자는 목소 리 톤의 높고 낮음을 잘 조절해야 해. 그런데 목소리가 크다고 해서 반드 시 좋은 것만은 아니야. 목소리를 갑자기 줄이면 오히려 청중이 집중을 잘하기도 하니까. 또 목소리가 너무 빨라도 안 돼. 목소리가 빨라지면 듣 는 사람들은 생리적으로 혈관이 확장돼. 혈관이 확장되면 피의 속도가 느려지겠어, 빨라지겠어?"

"당연히 빨라지죠."

"어제 술 많이 마셨나 봐, 느려지지. 혈관이 확장되는데."

"아, 그러네요."

"피의 역할 중 가장 중요한 게 뭐겠어?"

"산소 공급 아닙니까?"

"그렇지. 산소 공급이야. 피의 속도가 느려지니까 듣는 사람 즉, 청중의 머릿속에 산소 공급이 제대로 안되겠지? 그래서 청중의 머리가 '땅' 해지고 졸리고 그런 거라고."

"아, 그렇군요."

"그래서 중요한 이야기를 할 때는 천천히 이야기를 해야 해."

"그런데 선배님, 저는 천성적으로 말이 너무 빨라요. 고치려고 해도 잘 안 되더라고요. 어떻게 하면 목소리에 고저와 완급을 줄 수 있을까요?"

"나도 마찬가지였어. 말이 무척 빨랐거든. 목소리에 고저와 완급을 주려면 선행조건이 하나 있어."

★ 〈2-19〉 손을 앞으로도 뒤로도 모으지 마라 ★

"그게 뭐죠?"

"알고 있을 텐데?"

"아하! '쩜' 이군요."

"그렇지! '쩜' 을 두면 목소리에 고저와 완급이 저절로 생기게 돼."

"이제 알겠습니다. '쩜' 이거 철저히 연습해야겠네요."

"또 알고 싶은 거 있어?"

"아, 손의 사용법이요. 그건 어떻게 해야 하는 거죠?"

"아까 내가 처음 프레젠테이션을 할 때 두 팔을 잘라버리고 싶었다고 했지?"

"네, 저도 공감합니다."

"생각해 봐. 프레젠테이션 할 때, 손을 어디에 두는 게 좋겠어?"

"글쎄요. 앞이나 뒤로 모으는 게 좋지 않을까요?"

"그렇지가 않아. 프레젠테이션 할 때는 절대 손을 앞으로 모아서는 안 돼. 미국에서는 손을 앞으로 모으는 걸 '무화과의 잎사귀' 라고 해. 가장 혐오하는 자세지. 그림 〈2-19〉처럼 손을 앞으로 모으면 아담과 이브 이야기에서 나오는 무화과 잎과 똑같잖아. 그렇다고 뒤로 모아도 안 돼. 뒷짐을 지는 건 동양사회에서는 어른들만 하는 거잖아. 서양에서도 두 손을 뒤로 모으면 수갑을 채우는 것 같아서 싫어해. 프레젠테이션을 할 때는 주머니에 손을 넣어서도 안 되고, 팔짱을 끼어서도 안 돼. 건방진 인상을 주거든. 손으로 시계나 반지를 만지작거리는 것도 자신 없어 보이니까 안 돼. 머리를 만지는 것도 마찬가지. 프레젠테이션 할 때 손의 위치는 자연스럽게 옆에 두는 게 가장 좋아. 그렇게 하면 자연스럽게 비주얼 핸

말씀드릴 내용은 세가지 입니다

실적이 상승하고 있습니다

A와 B를 비교하면

드Visual Hand가 가능해지지."

"비주얼 핸드? 그게 뭔가요?"

"비주얼 핸드란 이야기의 내용을 손으로 시각화 하는 걸 말해."

"손을 사용해서 이야기의 내용을 시각화한다?"

"예를 들어 '실적의 향상은 눈부셨고' 라는 이야기를 하면서 오른손으로 아래에서 위로 들어 올리면 청중에게 강렬한 인상을 주지 않겠어?"

"그러네요, 선배님. 정말 효과적이겠어요."

비주얼 핸드를 사용하면 발표자의 당당함과 자신감을 표현할 수 있다. 무엇보다 전달하려는 내용을 청중의 뇌리에 강한 이미지로 남게 할 수 있다. 그림〈2-20〉을 보면서 몇 가지 비주얼 핸드 사용법을 알아보고 프레젠테이션 현장에서 직접 활용해보기 바란다.

어렸을 때, 찰리 채플린 하면 우스꽝스런 표정과 몸놀림이 떠올랐다. 그 우스꽝스런 표정과 몸놀림으로 그가 표현하려는 것을 그때는 잘 알지 못했다. 그러나 지금은 그의 표정과 몸짓을 볼 때마다 많은 것을 다시 생각하게 된다. 찰리 채플린의 명언이 떠오른다.

"인생이란 가까이서 보면 비극이지만 멀리서 보면 희극이다."

지금이 최악의 상황이고 최고의 비극인 것처럼 느껴지지만, 세월이 흐르면 그저 과거의 일로 스쳐 지나가게 된다. 이 책을 읽고 있는 여러분도 언젠가 프레젠테이션의 대가가 될 것이다. 지금 프레젠테이션이 두렵고 힘들다고 피하기만 한다면 반드시 후회하게 될 것이다.

"아, 그때 조금 일찍 정신을 차렸더라면……." 하고 말이다.

3

프레젠테이션 전략은
어떻게 짜는가

누가 무엇을 듣고 싶어 하는지
파악하라

"?"

"!"

인류가 문자를 만든 후, 서로 주고받은 내용이 이 보다 짧았던 편지는 없었던 것 같다. 보내는 사람의 편지에는 물음표 기호 하나밖에 적혀 있지 않았다. 편지를 받은 사람이 쓴 답장도 느낌표 기호 하나가 전부였다. 편지의 주인공이 누구인지 알고 있는 독자들도 많을 것이다. 지금으로부터 200여 년 전, 《레미제라블》의 작가 빅토르 위고와 출판사 사장이 주고받은 편지다.

빅토르 위고는 《레미제라블》의 출간 후 반응이 어떤지를 물음표 기호 하나로 물어왔다. 책에 대한 반응, 평가, 판매량 등의 궁금증을 하나의 물음표에 압축하여 표현한 것이다. 출판사 사장이 보낸 답신에 적힌 느낌표는 "아주 훌륭합니다." "날개 돋친 듯이 팔리고 있습니다."라는 말의

함축적 표현이었다. 빅토르 위고처럼 자신의 메시지를 정확하면서도 짧게 표현하려면 어떻게 해야 할까?

화장품 회사 한 곳에서 프레젠테이션 강의를 하던 때의 일이다. 참가자 중 한 사람이 그 회사에서 출시한 신제품을 개발한 책임연구원이었다.

"소장님 강의를 한 달 전에 들었다면 참 좋았을 텐데요……."

"지금도 늦지 않았어요."

"제가 새로운 화장품을 개발해서 한 달 전에 프레젠테이션을 했습니다."

"아, 그러셨군요. 그 자료 한 번 보고 싶네요. 볼 수 있을까요?"

"예, 저도 한 번 보여드리고 피드백을 받고 싶습니다."

"누구누구를 대상으로 프레젠테이션 하셨나요?"

"사내 간부들, 대리점 사장, 사내 뷰티 컨설턴트Beauty Consultant들을 대상으로 했습니다."

"그러면 세 자료 모두 가져와 보세요. 제가 보고 피드백 해드릴게요."

"그게 그러니까, 자료 하나로 세 곳 모두 똑같이 프레젠테이션을 했습니다."

"네? 서로 듣고 싶어 하는 게 다를 텐데요."

"그러게 말입니다. 그러니 소장님 강의를 한 달만 일찍 들었으면 얼마나 좋았을까요? 그때는 정말 엉망이었습니다. 세 군데 프레젠테이션을 하면서 화학방정식까지 전부 설명했으니……."

"청중마다 설득의 포인트가 다른데, 그걸 미처 생각하지 못하셨군요."

"지금 생각해 보면 사내 간부들에게는 신제품의 포지셔닝Positioning 전략을 중심으로 설명해야 했던 것 같습니다."

"그렇죠. 대리점 사장들에게는 '하나 팔면 얼마가 떨어진다. 본사에서 판촉지원을 어떻게 해주겠다.' 뭐 이런 게 중요하지 않겠어요?"

"네 맞습니다. 사내 뷰티 컨설턴트들에게는 신제품의 특장점과 마사지 방법을 위주로 설명했어야 했는데……. 화학방정식, 제가 생각해도 끔찍하네요. 그러니 전부 졸았죠."

대부분의 사람들은 상사로부터 "이 과제에 대해서 보고해 봐."라는 요구를 받으면, '내가 무엇을 전달할까?'를 생각한다. 지금부터 '내가 무엇을 전달할까?'라는 개념은 머릿속에서 삭제하자. 프로에게는 이런 개념이 아예 없어야 한다. 진정한 프로라면 최초 단계부터 '누가 무엇을 알고 싶어 하는가?' 또는 '누가 무엇을 듣고 싶어 하는가?'를 생각해야 한다.

'내가 무엇을 전달할까?'를 생각하는 사람과 '누가 무엇을 듣고 싶어 하는가?'를 생각하는 사람의 차이는 어디에서 나타날까? 바로 프레젠테이션의 양이다. '내가 무엇을 전달할까?'를 생각하는 사람들은 프레젠테이션의 양이 많다. 반면, '누가 무엇을 듣고 싶어 하는가?'를 생각하는 사람들은 양이 적다. 왜 이런 일이 벌어질까?

'내가 무엇을 전달할까?'를 생각하는 사람들은 전달할 내용을 만들기 위해 이 데이터 저 데이터 분석을 한다. 분석을 하다 보면 시간과 노력이 들어간다. 나중에는 들어간 시간과 노력이 아까워서 분석을 실시한 자료를 전부 끼워 넣는다. 그렇다 보니 프레젠테이션의 양이 많아진다. 그러나 최초 단계부터 '누가 무엇을 듣고 싶어 하는가?'를 생각하는 사람들은 시간과 노력을 들여 분석을 했어도 그 자료를 아까워하지 않는다. 과감하게 생략한다. 청중이 듣고 싶어 하는 자료가 아니라는 것을 알기 때문이다.

지난해, 서로 경쟁관계인 A사와 B사에 강의를 나갔다. A사는 오랫동안 업계 선두를 유지해 왔는데, 최근 몇 년간 변화의 흐름을 잘못 파악하여 B사의 제품 Y를 따라잡지 못하고 있었다. A사는 몇 년간 각고의 노력 끝에 야심작인 신제품 X를 출시했다. 신제품 X는 기능이나 성능 면에서 제품 Y를 전부 따라잡았다. 몇몇 기술적인 측면에서는 오히려 제품 Y를 능가하였다. 신제품 X를 개발한 담당자가 사장에게 프레젠테이션을 했다.

"신제품 X는 이러이러한 기능이 있고, 성능 측면에서는 그러그러하고 해상도는 저러저러합니다."

담당자는 신제품의 기능과 성능 등에 대해 프레젠테이션을 했다. 결국 사장이 프레젠테이션을 중간에 중단시켰다. 사장이 가장 듣고 싶어 하는 이야기는 무엇이었을까?

"잠깐, 그러니까 제품 Y를 제친다는 겁니까, 못 제친다는 겁니까? 못 제치면 얼마나 따라 잡을 수 있습니까?"

양이 많다고 좋은 게 아니다. 상대방이 무엇을 듣고 싶어 하는지, 무엇을 알고 싶어 하는지를 생각하면, 양은 자동적으로 줄어든다. 또 상대방이 미처 생각하지 못한 정곡을 찌를 수만 있다면, 양이 적을수록 좋다. 이를 위해 프레젠테이션의 목적부터 명확하게 밝혀야 한다. 무엇을 위해 프레젠테이션을 하는가? 목적을 명확히 한 뒤, 스스로에게 반드시 물어보자.

"무엇을 위해 누가 무엇을 듣고 싶어 하는가?"

약속한 시간의 70~80%만
사용할 수 있다고 생각하라

"소장님 저는 프레젠테이션을 할 때마다 시간에 쫓겨요."

"시간이 늘 부족하다는 이야기군요. 그래서 발표자는 항상 고객과 약속한 시간의 70~80%만 사용할 생각을 해야 해요. 고객과 30분 동안 프레젠테이션 하기로 약속을 했으면 70~80%인 21~24분 안에 끝낼 생각을 하고 준비를 해야 합니다."

"왜 그래야 하죠?"

"저는 이 날 이때까지 프레젠테이션이 제 시간에 시작되는 걸 본 적이 별로 없어요. 몇 분이라도 늦게 시작하죠. 하지만 청중은 자신이 늦게 왔더라도 끝나는 시간만큼은 정확히 기억하거든요. 예정된 시간보다 늦게 끝나는 걸 좋아하는 사람은 아무도 없겠죠?"

"그럼요. 저도 정말 싫어요."

"그러니까 프레젠테이션 양을 줄이세요. 무엇을 위해 청중이 무엇을 듣고 싶어 하는지를 생각하면 주어진 시간의 70~80%만 활용해도 충분히 전달할 수 있어요."

"그렇게 짧게 줄여서 전달하다가 청중이 제대로 이해하지 못하면 어떻게 하죠?"

"그래서 질의응답 시간이 있는 거예요. 짧게 끝내고 나서 남는 시간을 질의응답으로 활용하면 돼요. 질문을 받음으로써 오해의 소지를 없앨 수 있습니다."

"아, 그렇군요."

"특히 의사결정권자가 그 자리에 있을 때는 절대로 늦게 끝내서는 안 됩니다."

"무슨 특별한 이유라도 있나요?"

"그분들은 바쁘잖아요. 항상 다음 스케줄이 있어요. 다음 스케줄에 지장을 줘서는 안 됩니다."

프레젠테이션을 할 때는 네 가지 제약조건이 있다. 시간, 청중, 장소 그리고 도구이다. 이 네 가지를 프레젠테이션의 제약조건이라고 한다. 제약조건은 발표자가 자기 마음대로 변경할 수 있는 사항이 아니다. 자신의 힘으로 통제할 수 없는 사항이기 때문에 제약조건이라고 한다. 따라서 프레젠테이션을 준비할 때는 이 네 가지 제약조건을 확인하고 나서 전략을 구상해야 한다.

그 첫 번째가 시간이다. 발표자는 충분한 시간을 두고 설명하고 싶지만, 상대방은 짧은 시간 안에 끝내라고 한다. 자신에게 주어진 시간 안에 최선의 결과를 내기 위해서는 철저한 사전준비가 필요하다. 시간이라는 제약조건에서 첫 번째로 고려해야 할 사항이 바로 '소요시간'이다. 발표자에게는 주어진 시간의 70~80%만 활용하는 지혜가 필요하다.

"소장님, 그럼 시간이라는 제약조건 하에서 고려해야 할 또 다른 사항이 있나요?"

"발표 시간대도 중요하지 않겠어요?"

"오전에 발표하느냐, 오후에 하느냐 그런 건가요?"

"그렇죠. 아주 중요한 프레젠테이션이라면 오전 10시가 제일 좋습니다. 발표자가 시간을 선택할 수만 있다면 말이죠. 점심식사를 하고 나면 대략 소화하는 데 40분에서 한 시간 정도가 걸려요. 그러면 소화를 위해 피가 위나 소화기관으로 몰리거든요. 그러면 머리가 어떤 상태가 되죠? 가벼운 빈혈 상태가 됩니다. 그러니 피곤하고 졸리는 거예요. 오전 10시가 두뇌활동이 가장 왕성한 시기라고 합니다. 자신이 선택할 수 있다면, 10시에 할 수 있도록 사전 정지 작업을 해야겠지요."

"사전 정지 작업이요?"

"네, 사장님들은 본인이 전부 스케줄을 잡는 게 아니에요. 비서들이 잡아요. 평소에 사장님 비서와 친해 두는 것도 좋겠죠. 고객사에 가서 할 때는 고객사의 담당자에게 미리 부탁을 하면 되고요."

"아, 그렇군요."

"회장님이나 사장님들은 피곤하거나 컨디션이 안 좋을 때는 의사결정을 잘 안 합니다. 아무리 긴급해도 컨디션이 회복될 때까지 뒤로 미루는 게 보통이죠. 애써 프레젠테이션을 했는데, 그 자리에서 의사결정을 받지 못하면 발표자 본인만 손해 아니겠어요."

"하긴 그런 면도 있는 것 같아요. 그 밖에 시간에 관해 또 고려해야 할 사항이 있나요?"

"혹시 일을 따내기 위해 다른 회사들과 경쟁 프레젠테이션을 해 보신 적 있으세요?"

"물론이죠. 그럴 때는 여러 회사가 차례로 하잖아요. 얼마나 긴장되는지 몰라요."

"발표순서도 어느 정도 영향을 미쳐요. 그래서 초두효과와 최신효과를 이용해야 해요."

"초두효과와 최신효과? 그건 심리학에서 나오는 이야기 아닙니까?"

"네, 맞습니다. 초두효과란 처음에 제시된 정보가 나중에 들어온 정보보다 사람의 기억에 훨씬 더 큰 영향을 미치는 심리적 현상을 말해요. 첫경험, 첫사랑, 첫키스. 이런 것들은 쉽게 잊지 못하잖아요? 아, 우리나라에서 올림픽 금메달을 처음 딴 선수가 누구죠?"

"그야 레슬링의 양정모 선수죠."

"그럼 두 번째로 딴 사람은 어느 종목, 어느 선수일까요?"

"……."

"그거 보세요. 첫 번째는 사람들이 잘 잊지 않아요. 그게 초두효과에요. 최신효과는 마지막에 제시된 정보가 이전에 제시된 정보보다 더 큰 영향을 미치는 것을 말해요."

"그럼 맨 마지막에 하는 게 제일 유리하다는 이야기인가요?"

"꼭 그렇지만은 않아요. 마지막에 하게 되면 자기 차례가 돌아올 때까지 순번을 기다리면서 엄청나게 긴장을 하고 스트레스를 받아요. 경쟁 프레젠테이션을 해 본 사람이라면 누구나 느꼈을 거예요. 제 경험으로는 처음이 가장 좋은 것 같아요. 매도 먼저 맞는 게 낫다고 하잖아요. 두 번째로 유리한 순번이 마지막 같아요. 아무래도 최신효과가 있으니까요. 단 마지막에 할 때는 청중이 계속 비슷한 이야기를 들으면서 지쳐 있을 테니까, 쟁점 위주로 프레젠테이션을 하면서 시간 안에 빨리 마치는 것이 중요해요. 마지막에 하게 되면 청중으로부터 날카로운 질문들이 나올 거예요. 그에 대한 준비도 철저히 하고 들어가세요. 왜냐하면 청중들이 이전 발표자들의 이야기를 들으면서 프레젠테이션 주제에 대한 지식도 점점 쌓이고 쟁점이 무엇인지 확실히 알게 되기 때문이죠."

"처음이나 마지막이 아니라 중간에 배정받았을 때는 어떻게 해야 할까요?"

"거꾸로 청중 입장에서 생각해 보세요. 계속 프레젠테이션을 듣다 보면 발표자들이 제 시간에 못 끝내고 시간이 자꾸 밀리죠. 그리고 앞의 회사에서 이미 이야기한 내용을 반복해서 계속하잖아요. 앞에서 한 이야기들은 생략하거나 간단히 언급하고 차별화된 솔루션 위주로 세 가지 핵심 메시지만 전달하고 시간 안에 끝내세요. 그러면 청중에게 좋은 인상을 줄 거예요. 양이 많다고 절대 잘 하는 거 아니라고 했죠. 청중이 생각하지 못한 정곡을 찔러야죠. '늘 듣던 단조롭고 지루한 프레젠테이션이 아니네. 뭔가 달라.' 이런 인상을 줘야 합니다."

시간은 발표자들이 스트레스를 가장 많이 받는 제약조건 중 하나다. 소요시간, 발표 시간대, 발표순서에 대한 전략을 어떻게 짜느냐에 따라 프레젠테이션의 효과가 달라진다. 특히 시간초과는 금물이다. 주어진 시간의 70~80%만 활용할 생각을 해야 한다. 그러기 위해서는 프레젠테이션의 양을 줄이는 것이 좋다. 프레젠테이션의 양을 줄이기 위해서는 '무엇을 위해 청중이 무엇을 듣고 싶어 하는가'를 생각하면서 준비해야 한다. 오해의 소지는 질문을 받음으로써 해결하자.

발표 시간대는 두뇌 활동이 가장 왕성한 오전 10시가 가장 좋다. 사내라면 비서, 사외라면 고객사의 담당자를 통해 사전 정지 작업을 하자. 발표순서는 초두효과와 최신효과를 고려하여 판단하자. 발표자에게 가장 유리한 순서는 첫 번째다. 그 다음이 마지막이다. 마지막일 때는 프레젠테이션 쟁점에 대한 연구를 철저히 하여 날카로운 질문에 대비하자. 물론 자신이 프레젠테이션의 대가라면 발표 시간대나 발표순서가 아무 상관없을 것이다. 이미 이러한 제약조건들을 극복할 수 있는 실력을 가지고 있기 때문이다.

대가의 길로 가는 여정은 무엇일까? 프레젠테이션의 전설이라 불리는 이용찬 씨의 말에서 그 해답을 찾을 수 있다.

"나는 나의 재능을 믿지 않는다. 모든 것은 노력의 대가일 뿐이다."

프레젠테이션의 성패는
청중분석에 달려 있다

지피지기_{知彼知己}면 백전불패_{百戰不敗}. 누구나 알고 있는 이야기다. 그러나 나라의 존망이 걸린 풍전등화의 위기, 그것도 실제 전투에서 이를 실천하기는 무척이나 어려울 것 같다. 고구려와 수의 전쟁은 1, 2차 세계대전을 제외하고는 동서양을 통틀어 가장 큰 규모의 전쟁이었다. 동 시대 서양의 큰 전쟁은 5~10만 명을 동원하는 정도였다. 고구려와 수의 전쟁에서 수나라가 동원한 병력은 1,133,800명이었다. 군량 운반자의 수는 정규군의 두 배였고, 군대를 출발시키는 일에만 40일이 걸렸다. 수양제는 이 정도면 고구려를 쉽게 멸망시킬 줄 알았다.

당시의 전쟁은 진과 진의 싸움이었다. 을지문덕 장군은 당시의 전투 양상과 전혀 다른 선택을 한다. 그는 자신이 원하는 시간, 원하는 장소에서 전투를 하기로 결정했다. 이른바 게릴라전이다. 을지문덕 장군은 왜 게릴라전을 선택했을까?

수양제는 고구려의 관문인 요동성을 포위하고 공격했으나 완강한 저항에 부딪혀 4개월 동안 돌파구를 찾지 못하고 있었다. 이에 그는 305,000명의 별동대를 편성한 뒤, 압록강을 건너 고구려의 평양성을 직접 공략하라고 우중문과 우문술에게 명령을 내린다.

이 별동대가 압록강을 도하하기 위해 압록강 서쪽에 진을 치고 있을 때, 을지문덕 장군은 적의 동태를 살피기 위해 거짓 항복을 하고 혈혈단신 적진에 뛰어든다. 을지문덕 장군은 먼 거리를 달려온 수나라 군사들에게서 피로한 기색이 역력한 모습을 발견했다. 군량미도 별도의 운반자 없이 군사들 각자 개인 별로 소지하고 있음을 간파한다. 정보를 입수하기 위해 죽음을 각오하고 적진에 홀로 뛰어든 을지문덕 장군. 어느 누가 그의 심정을 헤아릴 수 있었을까?

적진을 탈출한 을지문덕 장군은 먼 행군으로 피로한 수의 군사들이 자신이 소지하고 있던 무거운 군량미를 조금씩 버리고 있다는 점을 철저하게 이용했다. 을지문덕 장군은 넓은 벌판에서 진을 치고 기다리지 않았다. 그는 들판의 곡식과 가축을 모두 없앤 뒤, 성 안으로 들어가 적들과 싸우는 '청야수성전淸野守城戰'을 택했다. 더불어 수나라의 진군로 길목에 있는 백성들을 인근 도성으로 미리 대피시킨 뒤, 수나라 군사들을 유인하며 소규모 부대로 치고 빠지는 게릴라전을 폈다. 수나라 군사들을 더욱더 지치게 만들기 위한 작전이었다. 그와 함께 적의 보급로와 후군로를 철저히 봉쇄했다.

수나라 군사들은 하루에 일곱 번을 싸워 모두 이기자 승리감에 도취되어 계속 진격하였다. 평양성 30리 밖까지 진군한 수나라 장수들에게는 이제 평양성 공격만 남은 것처럼 보였다. 그러나 군량미는 다 떨어지고 병사들은 기진맥진한 상태였다. 이때, 을지문덕 장군이 수나라의 지휘관인 우중문에게 시 한 수를 보낸다.

신기한 책략은 하늘의 이치에 달했고
묘한 전술은 지리를 통달했구나
싸움마다 이겨 공이 이미 높았으니
족한 줄 알고 그만 둠이 어떠하리

적진을 완벽하게 파악하지 않고서는 이런 내용의 시가 나올 수 없다. 우중문을 높여주는 듯하면서, 이제 그만 물러가라는 경고를 담은 메시지였다. 처음부터 모든 것을 꿰뚫고 있었음을 암시하고 있었다. 이 시를 접한 우중문의 심정은 어떠했을까? 아마도 저잣거리에 발가벗겨진 심정이었을 것이다.

비로소 사태의 심각성을 깨달은 우중문은 군사들에게 급히 후퇴 명령을 내린다. 그러나 때는 이미 늦었다. 수나라 군사들을 기다리고 있는 것은 고구려군의 거침없는 추격과 그 유명한 살수대첩뿐이었다. 별동대 305,000명 중, 요동성까지 살아 돌아간 군사는 2,700명에 불과했다. 혈혈단신 적진을 찾아가 적에 대한 정보를 철저히 수집하고 분석한 을지문덕 장군의 완벽한 승리였다. 오죽하면 김부식이 〈삼국사기〉에서 "고구려가 대국 수나라를 물리칠 수 있었던 것은 을지문덕 한 사람의 힘이었다."라고 평했을까?

청중은 발표자의 심리적인 적이다. 을지문덕 장군처럼 적, 즉 청중에 대해 철저히 분석하지 않고서는 프레젠테이션을 성공적으로 마칠 수 없다. 맥킨지 사의 비주얼 커뮤니케이션 팀장이었던 로웰 브라이언이 청중 분석에 대한 명언을 남겼다.

"나는 청중을 분석하지 않는다. 청중 속의 개개인을 분석할 뿐이다."

나는 이 말에 100% 동의한다. 청중은 한 사람 한 사람의 개인이 모인 집단이다. 한 사람 한 사람에 대해 알면 알수록 발표자에게 유리하다. 그런데 바쁜 비즈니스맨들이 이것을 실천하기는 사실상 불가능하다. 그러나 아무리 바쁘더라도 의사결정권자와 트러블메이커에 대한 분석만큼은 게을리 해서는 안 된다.

17년 전으로 거슬러 올라가야겠다. 당시 한국능률협회컨설팅에서 '단기 컨설턴트 양성과정'을 시행하고 있었다. 3개월 과정이었는데, 그 중 3일은 나의 강의였다. 강의내용은 프레젠테이션 스킬이었다. 당시 교육생 중에 인공지능학 박사 한 사람이 있었다. 그 박사는 교육내용이 무척 좋았다며 나에게 감사 표시를 하면서, 왜 대학에서는 이런 것을 안 가르치는지 모르겠다며 의아해 했다. 3일간의 교육을 마친 후 서로 명함을 교환하였다. 그리고 몇 달이 흘렀다. 토요일 오후에 일을 마치고 집에 돌아와 있는데, 그로부터 전화가 왔다.

"소장님, 안녕하세요. 제가 내일 중요한 프레젠테이션을 하는데, 도와주시면 안 되겠습니까?"

"중요한 프레젠테이션이요? 어떤 겁니까?"

"이번에 A사에서 벤처회사를 만드는데, 사장을 공개 채용합니다. 거기에 지원을 했는데, 1차 합격을 했습니다. 내일 A사의 CEO에게 사업계획에 대해 프레젠테이션을 해야 합니다. 자료는 다 만들었는데, 너무 긴장이 돼서요. 리허설을 해보려는데, 좀 도와주시면 안 되겠습니까?"

그날 저녁에 박사와 만나 리허설을 했다.

"박사님, 한 번 해보세요."

"제가 오늘 발표할 주제는 …… 플랫폼을 기반으로 …… 패킷으로 분할해서 전송하여 …… 이상 마치겠습니다. 질문 있으십니까?"

"태도나 자세는 좋습니다. 그 동안 정말 많이 연습하셨네요. 그런데 전문적인 개념들이 너무 어려운 것 같네요."

"어렵다고요. 정말 쉽게 설명한 건데."

"박사님이야 전문가니까 쉽지요. 저 같이 그 분야의 문외한에게는 어려워요. A사의 CEO께서도 어려워하실 것 같아요."

"그럼 어떻게 하죠?"

"좀 생각해보죠. 음……. 아하! 제가 알기로 A사의 CEO는 새에 대해 조예가 깊으시다고 들었거든요. 철새로 비유하면 어떨까요? 철새는 번식지와 월동지가 다르잖아요. 예를 들어 파일을 전송하는 곳을 번식지, 파일을 수신하는 곳을 월동지, 패킷을 철새 한 마리 한 마리로 생각해 볼 수 있지 않을까요, 박사님? 저는 잘 모르겠지만."

"아, 그렇게 비유할 수도 있겠네요. 제가 좀 더 연구해보겠습니다. 잠시 쉬고 계세요."

의사결정권자에 대해서는 최소한 두 가지를 분석해야 한다. 주제 이해도와 개인적인 관심사다. 주제 이해도가 높은가, 낮은가? 일 이외에 평소에 개인적으로 관심을 갖고 있는 것이 무엇인가?

만약, 주제에 대한 이해도가 높을 때는 별로 걱정할 필요 없이 준비한 대로 프레젠테이션을 하면 된다. 문제는 주제에 대한 이해도가 떨어질 때다. 주제에 대한 이해도가 떨어질 때는 전문적인 개념이나 용어를 쉽게 이해시켜야 한다. 이럴 때 도움이 되는 것이 의사결정권자의 개인적인 관심사다. 앞의 사례에서처럼 전문적인 개념이나 용어를 철새 같은 개인적인 관심사로 비유해 주면, 의사결정권자가 쉽게 이해할 수 있고, 무엇보다 의사결정권자의 감성을 자극할 수 있다. 그러면 설득의 효과가 배가될 것이다.

트러블메이커에 대처하는 방법에 대해서는 2장에서 이미 설명하였다. 사내라면 누가 트러블메이커인지 쉽게 파악할 수 있지만, 사외라면 쉽지 않다. 초면인 청중의 경우에는 어느 정도 시간이 흐르고 1:1 아이 컨택을 해야 누가 트러블메이커인지 파악할 수 있다.

만약, 누가 트러블메이커인지 사전에 알 수 있다면 어떨까? 당연히 트러블메이커를 알 수 없을 때보다 효과적으로 대처할 수 있을 것이다. 따라서 사전에 가능하다면, 고객사의 담당자에게 트러블메이커에 대해 물어보아야 한다. 그 사람의 좌석은 어디인지, 지위는 어느 정도인지, 이번 프레젠테이션에 대한 영향력은 얼마나 되는지 미리 알고 있는 것이 좋다. 특히, 어느 좌석에 앉아 있는지 알고 있으면, 그 사람으로부터 나오는 질문에 대처하기가 편할 것이다.

젊었을 때 C사에 경쟁 프레젠테이션을 한 적이 있었다. C사의 의사결정권자에 대한 정보를 분석해 보니 베토벤의 광적인 팬이었다. 그래서 프레젠테이션 도입부에 제목 페이지를 띄우면서 베토벤의 교향곡 '운

명' 이 삼십 초간 나오도록 준비했다. 그것으로 프레젠테이션의 승부는 끝났다. 그러나 이 같은 편법으로 승부를 거는 방법을 권유하지는 않겠다. 이런 편법은 논리와 내용을 완벽하게 준비한 후, 경쟁이 붙었을 때만 사용해야 한다. 논리는 엉망진창이고 내용마저 개판일 때는 오히려 역효과만 나온다.

이와 같이 청중 속의 개개인을 분석하지는 못하더라도 의사결정권자와 트러블메이커에 대한 정보만큼은 반드시 수집해야 한다. 그러나 인생의 승부 또는 직장생활의 승부를 걸어야 할 만큼 중요한 프레젠테이션이라면 반드시 청중 속 개개인에 대해 분석해야 한다. 살다 보면 반드시 승부를 걸어야 할 때가 있다. 그렇다면 청중, 즉 적에 대한 정보는 어떻게 수집하면 좋을까?

첫째, 적에게 직접 물어 보라. 을지문덕 장군이 적의 진지에 들어가 적정을 살폈듯이, 적에게 직접 물어보는 것이 가장 좋다. 적진에 홀로 찾아가 적에 대해 정확하게 분석하지 않았다면, 게릴라전이라는 전략도 나올수 없었고, 짧은 시 한 편으로 적의 간담을 서늘하게 만들 수도 없었다. 비즈니스 세계는 을지문덕 장군처럼 목숨을 걸 필요도 없다. 고객사의 담당자를 찾아가 참석자들에 대해 물어 보면 전부 가르쳐 준다. 왜냐하면 프레젠테이션이 잘 되기를 바라는 것은 제안하는 사람이나 고객사의 담당자나 모두 같은 심정이기 때문이다.

둘째, 적과 일하는 사람에게 물어 보라. 적에게 직접 물어 보았으나 정보를 캐낼 수 없었다면, 두 번째 단계로 이행하면 된다. 예전에 회사에서 교육담당으로 근무할 때의 일이다. 당시, 보스턴 컨설팅 그룹 한국지사에 친구 한 명이 근무하고 있었다. 어느 날, 그 친구에게 연락이 왔다. 자기네 회사의 본사 부사장이 우리 회사 그룹경영기획실에 프레젠테이션을 하기로 했는데, 담당 임원과 팀장들이 어떤 사람들인지 알려달라는 내용이었다. 나는 삼겹살과 소주 한 잔에 모든 것을 내주고 말았다.

셋째, 적과 거래하고 있는 사람에게 물어 보라. 적과 일하고 있는 사람에게서도 정보를 입수할 수 없다면, 세 번째 단계를 실시하면 된다. 청중에 대한 정보를 수집하는 방법에 대해 강의했더니, 바로 응용하는 교육생이 있었다. P사는 나의 주거래 고객 중 하나였다. P사에 IT 솔루션을 제공하는 A사도 주거래 고객이었다. 당시 A사와 다른 분야의 IT 솔루션을 제공하는 E사에 강의를 나갔다. E사의 교육생 중 한 명이 강의가 끝나자마자 내게 부탁을 해왔다. P사에 프레젠테이션을 해서 일을 따내야 하는데, A사의 P사 담당자를 소개시켜 달라는 것이었다. 나는 흔쾌히 수락했다. 그 교육생은 A사의 담당자를 만나 P사의 담당자와 의사결정권자에 대한 정보를 수집하였다. 프레젠테이션 결과는 성공적이었다.

이 세 단계를 거치면 웬만한 정보는 모두 수집할 수 있다. 명심하라. 중요한 건 아는 것보다 실천하는 것이다. 청중, 즉 적에 대한 분석은 아무리 강조해도 지나치지 않다. 잊지 마라. 중요한 건 당신이 무엇을 말하느냐가 아니라 청중이 무엇을 듣고 싶어 하느냐다.

청중분석을 할 때, 청중의 규모도 매우 중요하다. 청중이 몇 명이냐에 따라 슬라이드의 글씨 크기나 차트, 도해 등의 크기도 달라져야 한다. 보라고 스크린에 올렸는데 안 보이는 것만큼 짜증나는 일도 없다. 자신의 목소리 크기를 고려하여 마이크를 준비해야 할지 말지도 결정해야 한다.

마이크는 양 손을 이용하여 비주얼 핸드를 활용할 수 있도록 핀 마이크를 준비하는 것이 좋다.

자신에게 유리한 장소를
선택하라

박지성을 비롯해 전 세계 최고의 선수들이 뛰고 있는 유럽 축구 리그. 그 선수들이 꿈에 그리는 무대가 챔피언스 리그다. 챔피언스 리그의 경기를 보면, 두 팀이 홈앤어웨이home & away 방식으로 경기를 치른다. 그런데 만약 두 팀이 한 게임씩 이겨서 서로 비기게 될 경우, 원정경기에서 더 많은 득점을 한 팀이 승리한 것으로 결정한다. 왜 그럴까?

고등학생 시절, 친구들과 함께 부산에 여행을 간 적이 있다. 새벽열차를 타고 부산역에 내렸다. 역사를 나서자마자 괜히 주눅이 들었다. 평소의 젊은 혈기는 사라지고 기운을 제대로 펴지 못하고 움츠러들었다. 자꾸 누군가 쳐다보는 것 같고, 부산역 앞에 있는 사람들이 왠지 모르게 무서웠다. 동이 트고 나서야 비로소 제대로 된 여행을 할 수 있었다. 말이 여행이지 조심해서 돌아다니다가 서울로 돌아왔다.

왜 그렇게 주눅이 들었던 걸까? 낯선 곳이었기 때문이다. 나에게 전혀 익숙지 않은 환경이었다. 사람들은 자기에게 익숙한 환경에 있어야 몸도 마음도 자유로워진다.

프레젠테이션도 마찬가지다. 익숙한 환경에서는 발표자의 몸과 마음이 자유로워진다. 매일 회의를 하는 회의실에서 프레젠테이션을 하더라도, 앉아 있는 자리는 익숙하지만 서서 발표하는 자리는 낯설다. 프레젠테이션을 하기 전에 그 장소를 익숙한 환경으로 만들어야 한다. 그래야 프레젠테이션을 성공적으로 마칠 수 있다. 고객으로부터 의사결정을 받아야 할 중요한 프레젠테이션을 할 때는 고객들을 자사로 초청해서 프레젠테이션을 하는 것도 좋은 방법이다. 홈그라운드의 이점을 충분히 활용하자. 2002년, 우리가 행복한 한 달을 보냈던 것도 홈그라운드의 이점을 무시할 수 없다.

"프레젠테이션을 할 때, 장소가 넓은 곳이 좋을까요? 좁은 곳이 좋을까요? 아니면 적당한 곳이 좋을까요?"

프레젠테이션 강의를 할 때 자주 던지는 질문 중 하나다. 그러면 대다수 교육생들이 적당한 곳이 좋다고 대답한다. 그러나 의외로 약간 비좁은 곳이 발표자에게 유리하다.

미국 사교계의 여왕으로 불리는 사람이 있다. 바로 〈워싱턴포스트〉의 편집장이었던 벤 브래들리 기자의 부인이다. 벤 브래들리는 워터게이트 사건을 파헤친 유명한 기자다. 브래들리 부인이 파티를 열면, 참석한 사람들이 모두 흡족해 하며 돌아간다고 한다. 그런데 브래들리 부인이 파티를 성공으로 이끄는 비결 중 하나가 바로 장소의 선택이다. 보통 다른 사람들은 자신의 부를 과시하기 위해 넓은 장소에서 파티를 열었다. 호스트의 초청으로 마지못해 참석한 사람들은 아는 사람도 별로 없고, 그

분위기에 매우 낯설어 했다. 그렇다 보니 넓은 파티장 한 쪽 구석에 처박혀서 혼자서 시간을 보내다 오곤 했다. 이에 비해 브래들리 부인은 파티에 참석할 사람들을 정한 뒤에, 참석 인원에 비해 약간 비좁은 듯한 장소를 선택했다. 장소가 비좁으면 어디 도망갈 곳도 없다. 그 자리에 있을 수밖에 없고, 자연스럽게 옆 사람과 대화를 할 수밖에 없다. 여러 사람들이 모인 자리에 침묵이 흐르는 것처럼 끔찍한 일도 없다.

"고향이 어디세요?"

"저는 좀 더운 지방에서 태어났습니다. 텍사스의 오스틴입니다."

그러면 다른 쪽에 있는 사람이 말을 걸어온다.

"아, 그러세요. 저는 고향이 텍사스는 아니지만, 오스틴의 A&M 대학을 졸업했습니다."

"그렇군요. 그 대학 정말 넓죠."

대화가 시작되면 서로 공통분모를 발견할 수 있다. 그 공통분모가 꼬리에 꼬리를 물고 발전한다. 그러면 이전에 전혀 몰랐던 사이라도 친밀해지는 법이다. 참석한 모든 사람들이 파티를 즐길 수밖에 없다.

장례식장이나 결혼식장에 가더라도, 장소는 넓은데 손님들이 없으면 하객인 나까지 괜히 썰렁해진다. 프레젠테이션도 마찬가지다. 장소가 너무 넓고 청중이 띄엄띄엄 앉아 있으면 발표자가 그 장을 이끌어가기 힘들다. 아이 컨택을 하기도 힘들고, 분위기가 가라앉기 때문이다. 장소는 약간 비좁은 곳이 좋다. 그래야 아이 컨택도 가능하고, 거리가 가깝기 때문에 청중을 장악하기도 쉽다.

넓은 장소에서 할 수밖에 없을 때는 종이 명패를 사용하면 좋다. 장소

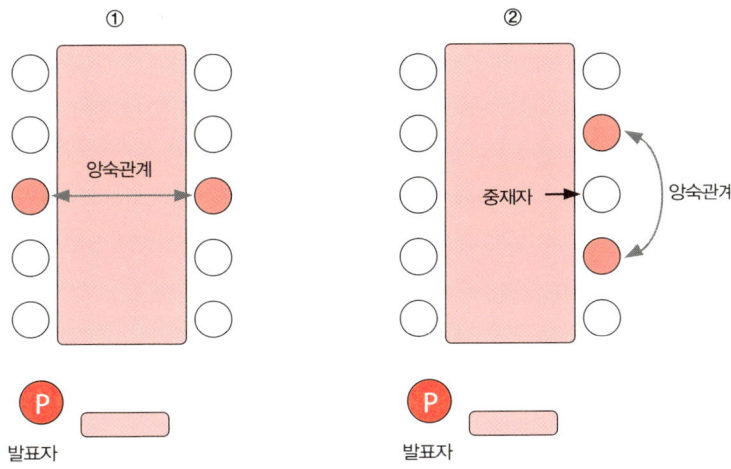

가 넓으면 사람들은 뒤쪽으로 가서 앉기 마련이다. 앞쪽은 텅 빈 채, 뒤쪽에만 사람들이 듬성듬성 앉아 있으면 절대 프레젠테이션을 잘 할 수 없다. 이럴 때는 종이 명패를 활용하라. 종이 명패에 참석자들의 이름을 적어 놓고 배포 자료와 함께 앞쪽으로 배열해 놓으면, 참석자들이 자기 이름이 적힌 명패 앞에 앉을 수밖에 없다. 청중과의 거리가 가까워야 발표자가 아이 컨택을 하면서 분위기를 확실하게 장악할 수 있다.

명패를 활용하는 방법을 한 가지 더 알아보자. 직장 내에서 만나기만 하면 서로 의견충돌을 일으키며 싸우는 사람들이 있다. 이런 사람들이 프레젠테이션에 함께 참여하면 발표자와 상관없이 의견이 서로 대립되어 설전을 벌인다. 그러면 프레젠테이션을 제 시간에 끝낼 수도 없고, 의도와 달리 자꾸 이상한 방향으로 흘러간다. 서로 앙숙인 이러한 사람들은 프레젠테이션 장에 착석할 때도 〈3-1〉의 ①번 그림처럼 서로 마주 보고 앉는다. 이걸 그대로 방치했다가는 프레젠테이션을 망치기 십상이다. 이럴 때 명패를 사용하라. 평소에 중재를 잘 하는 사람을 가운데 앉히고, ②번 그림처럼 그 사람 양 옆으로 자리를 마련하여 서로 얼굴이 잘 보이지 않도록 나란히 앉게 해야 한다. 얼굴이 안 보이면 싸울 일도 없다. 사람을 가운데 앉혀놓고 상체를 옆으로 기울이며 얼굴을 들이밀기는 무척 힘들지 않겠는가?

익숙하지 않은 도구는
사용하지 마라

외국계 화장품 회사에서 프레젠테이션 강의를 하고 있을 때였다. 강의를 하는 도중에 나이가 지긋하신 분이 뒤로 들어와서 청강을 하셨다. 내가 강의를 제대로 하고 있는지 감시하러 들어온 것처럼 보였다.

휴식시간이 되자, 그분이 내게 다가오더니 자기소개를 했다. 자신이 마케팅 담당 상무인데, 한국에 오신 프랑스 본사 회장님께 한국 시장 상황에 대해 프레젠테이션을 해야 한다고 했다. 배우러 들어왔으니 신경 쓰지 말고 강의를 하라고 했다. 강의가 다시 시작되었고, 자료의 시각화에 대해 설명하면서 '레이저 포인터'를 사용하지 말라고 이야기를 했다.

"레이저 포인터는 파워포인트 같은 소프트웨어가 발전하기 전에 쓰던 도구입니다. 평소에 잘 쓰지 않는 도구는 익숙하지 않으므로 프레젠테이션에 방해가 됩니다. 양 손을 자유롭게 만들어야 비주얼 핸드를 할 수 있고, 그래야 발표자의 태도가 더욱 당당하게 보일 수 있습니다. 또 지금은

'One Page, One Message'로 자료를 만들기 때문에 군이 레이저 포인터로 가리킬 필요가 없습니다. 어딘가를 가리키고자 한다면 애니메이션 Animation을 주거나, 그 부분에 색을 넣으면 됩니다. 발표자의 양 손은 자유로운 상태로 두는 것이 가장 바람직합니다."

자료의 시각화에 대한 강의를 마치자마자 그 상무님이 내게 다시 다가와 질문을 하셨다.

"강사님, 레이저 포인터를 쓰면 안 됩니까? 저는 레이저 포인터를 손에 쥐지 않으면 불안해서 잘 못하겠던데요."

"상무님, 하루아침에 고칠 수야 없겠지요. 그렇게 불안하시면 내일은 평소대로 레이저 포인터를 이용해서 프레젠테이션을 하세요."

"그렇죠? 써도 되죠? 네, 감사합니다."

다음날, 강의를 하러 그 회사로 다시 갔다. 그런데 마침 옆 회의실에서 어제 그 상무님이 프레젠테이션을 하고 있었다. 회의실 문이 열려 있어서 어떻게 하는지 슬쩍 들여다보았다. 그런데 아주 이상한 광경이 벌어지고 있었다. 회장님이 맨 앞에서 프레젠테이션을 보고 계셨는데 그 뒤에 앉아 있는 참석자들이 전부 이마에 손을 댔다가 떼는 제스처를 반복하고 있었다. 너무 이상해서 회의실에 살짝 들어가 보았더니, 스크린을 비추던 레이저 포인터의 빨간 점이 회장님의 이마 위를 왔다 갔다 하는 일이 계속 반복되고 있었다. 뒤에 앉아 있던 사람들이 그렇게 신호를 주는데도, 상무님은 아랑곳하지 않고 꿋꿋하게 프레젠테이션을 했다. 너무 긴장한 탓이다. 결국 빨간 점은 회장님의 눈 속으로 파고 들어갔다. 프레젠테이션은 끝났다.

평소에 잘 쓰지 않던 도구는 사용하지 않는 것이 좋다. 익숙하지 않은 도구를 사용하면 몸이 불편해져서 프레젠테이션을 자연스럽게 할 수 없다. 프레젠테이션 화면을 바꾸기 위해 도구를 사용하는 경우가 많은데, 노트북이 멀리 떨어져 있다면 모를까, 가급적 사용하지 않는 것이 좋다. 노트북을 직접 조작하면서 프레젠테이션을 하는 편이 훨씬 바람직하다.

프레젠테이션을 할 때 가장 훌륭한 도구는 무엇일까? 바로 실물이다. 대부분의 사람들은 프레젠테이션 할 때 가장 좋은 도구가 파워포인트 같은 소프트웨어라고 생각하지만, 실물보다 더 좋은 건 없다.

앞의 화장품 회사에서 프레젠테이션에 대해 코칭할 때의 일이다. 담당자 한 명이 새로 출시한 향수에 대해 프레젠테이션을 하는데, 노트북과 빔 프로젝터만으로 프레젠테이션을 하는 것이었다. 향수의 향기에 대해 이런저런 이야기를 하는데, 전혀 그 향기를 느낄 수 없었다. 프레젠테이션을 할 때는 실물을 직접 보여주면서 하는 것이 좋다. 향수에 대해 이야기 할 때는 "그럼 지금부터 새롭게 출시한 향수의 향기를 느껴보도록 하겠습니다." 하며 청중들이 그 향을 느껴 볼 수 있게 하는 것이 좋다. 그러면 자연스럽게 'Talk with'가 가능해진다.

단 실물, 즉 향수를 직접 보여주기 전까지는 청중이 그 향수를 볼 수 없도록 책상 밑에 숨겨 놓아야 한다. 향수가 책상 위에 놓여 있으면, 청중은 직접 보고 체험할 때까지 발표자의 이야기에 집중하지 못한다. 향수를 직접 체험해보기 전까지 청중은 내내 이런 생각만 할 것이다.

'저 향수 언제 보여주지? 빨리 보여 주면 안 되나?'

예전에 라스베이거스에서 〈컨버전스 시대의 디지털 가전〉이라는 주제로 컨퍼런스가 열렸다. 이 컨퍼런스에 일본 기업인 마쓰시다가 참가했는데, 마쓰시다는 수돗물 철학으로 유명하다. 창업자인 마쓰시다 고노스케는 '수도꼭지에서 물이 흘러나오듯 양질의 제품을 저렴한 가격으로 끊임없이 공급한다.'라는 이념을 바탕으로 회사를 발전시켰다. 그 컨퍼런스에 참석한 마쓰시다의 발표자는 서두에 이런 말을 하면서 프레젠테이션을 시작하였다.

"저희 마쓰시다는 디지털 컨버전스 시대에도 수도꼭지에서 물이 흘러나오듯 양질의 가전제품을 저렴한 가격으로 끊임없이 공급하겠습니다."

이 말이 떨어지기 무섭게 천정에서 수돗물처럼 물이 쏟아졌다. 물론 밑에는 항아리가 있었다. 청중은 전부 일어서서 기립박수를 보냈다. 눈으로 직접 보고, 만지고, 느끼는 것만큼 강력한 것은 없다. 프레젠테이션에 오감을 적극 활용하라.

본론부와 핵심 메시지를
세 가지로 정리하라

3이라는 숫자는 참으로 신비하다. 사람을 끌어당기는 묘한 매력이 있다. 강의를 할 때도 "오늘 두 시간 동안 열 가지만 이야기하겠습니다." 하고 시작하면, 사람들은 돌아버리겠다는 표정을 짓는다. '아이고, 그래 너는 떠들어라. 내가 눈은 뜨고 있어 줄게.' 하는 반응이 나온다.

그러나 "오늘 두 시간 동안 세 가지만 이야기 하겠습니다." 라고 말하면 '그래 그건 한 번 들어 보자. 첫 번째 이야기를 들어본 다음에, 유익하면 계속 듣고 아니면 말지.' 하고 생각하기 때문에 사람들을 강의에 끌어들이기가 수월하다. 나는 전작인 《기획이란 무엇인가》에서 3이라는 숫자를 이렇게 정의 내렸다.

'복잡한 것의 시작이면서 단순한 것의 마지막인 숫자'
많지도 적지도 않고 정말 받아들이기 쉬운 숫자가 바로 3이다.

싸이가 유튜브를 통해 전 세계에 큰 반향을 일으켰다. '오빠 강남 스타일' 딱 세 단어다. 한글을 모르는 전 세계인들도 따라 부르기가 쉽다. 젠틀맨도 '마더 파더 젠틀맨'이다. 괜히 세 단어로 만들지는 않았을 것이다. 로마의 위대한 장군 율리우스 카이사르는 정치가이자 웅변가로도 유명하다. 'Veni vidi vici(왔노라 보았노라 이겼노라)' 기원전 47년 카이사르가 소아시아의 파르나케스 2세와의 전쟁에서 승리한 후, 로마 시민과 원로원에 보낸 승전보의 첫 문장이라고 한다. 이 간단하지만 확신에 찬 경구를 통해, 카이사르는 내전 중이던 로마에 자신의 군사적 우위와 승리의 확신을 전달하였다. 고대 그리스의 아리스토텔레스도 연역추리를 창시하면서 '대전제, 소전제, 결론'의 삼단논법을 설파하였다.

중국 전한前漢의 회남왕淮南王 유안이 저술한 책 '회남자淮南子'에 '일생이一生二, 이생삼二生三, 삼생만물三生萬物'이라는 말이 나온다. "2는 1에서 생겼고, 3은 2에서 생겼고, 만물은 3에서 생겼다."라는 뜻이다. 나는 이 말을 이렇게 이해한다. "한 분야에 정통하면 다른 분야를 이해하기 쉽고, 적어도 세 분야에 통달하면 만물의 이치를 이해할 수 있다."라고 말이다.

고대 사람들에게도 3이라는 숫자는 매우 특별한 의미를 지녔던 것 같다. 우리민족에게 있어 3의 기원은 더욱 오래 전의 일이다. 환웅께서 이 땅에 내려오실 때 황백·운사·우사를 거느리고 천부인 세 개와 삼천의 무리를 이끌고 오셨다. 그리고 우리는 삼천리금수강산에 살고 있다. 미국의 오바마 대통령이 선거 캐치프레이즈로 내건 말은 "Yes, we can!" 세 단어였다. 1980년 미국 대선 때 레이건은 미국의 경제 상황의 판단기준을 '침체, 불황, 회복' 세 단어로 압축해서 연설을 하였다. '침체'는 나의 이웃이 실직했을 때, '불황'은 내가 실직했을 때, '회복'은 카터가 물러났을 때를 뜻했다. 그 해 레이건은 승리했다. 레이건의 연설을 보면서, 유머에는 무수한 말들을 간결하게 표현할 수 있는 힘이 있다는 것을 깨달았다. 2014년 브라질 월드컵에 출전하며 홍명보 감독이 태극전사들에게 다음과 같은 출사표를 던진다면 태극전사들의 투지가 불타오를 것이다.

우리 앞에 대한민국이 있고,

우리 안에 대한민국이 움직이고,

우리 뒤에 대한민국 전체가 뒤따른다.

너무도 멋진 말 아닌가? 듣는 사람의 가슴을 뛰게 만든다. 이 세 문장은 아돌프 히틀러가 전쟁을 독려하며 독일 국민을 선동할 때 한 말이다. '대한민국'을 '독일'로 바꾸면 된다. 당시 상황에서 이 말을 듣고 흥분하지 않을 사람이 있었겠는가?

비즈니스 로직을 짤 때도 거의 모든 것을 대략 세 가지로 정리할 수 있다.

첫째, 제안할 때 가장 많이 쓰는 로직인 'Why-Which-How' 다. Why 파트에서는 고객에게 문제를 제기한다. Which 파트에서는 고객의 문제를 해결하기 위한 최고의 솔루션을 제시한다. Why 파트에서 문제를 제기하면 고객은 자연스럽게 Which 파트에서 어느 것을 선택할지 생각하게 될 것이다. 마지막은 How 파트다. 최고의 솔루션을 제안 받으면, 고객은 어떻게 실현해 갈 것인지 생각을 한다. 그때 '당사와 귀사가 이러이러한 추진 계획을 공유하면서 실천할 것'이라고 제안하면 된다. 가장 많이 사용하는 로직이므로 좀 더 자세하게 살펴보자.

Why 파트에서 다루어야 할 내용은 '본 제안의 목적' '제안과 관련한 환경분석 및 동향' '고객사의 현상분석 결과' 이다. Which 파트에서는 고객이 해결해야 할 과제와 그 과제를 해결하기 위한 몇 가지 솔루션을 제시하고, 정보수집을 통해 검증을 해 준다. 검증을 통해 당사의 제안이 최고의 솔루션이라는 점을 밝히고 전체적인 개요를 설명한다. 아울러 그 솔루션을 채택함으로써 얻게 되는 이익을 설명한다. 당사의 솔루션을 채택함으로써 실적을 올린 타사의 사례도 이 파트에서 밝히는 것이 좋다. How 파트에서는 전체적인 추진단계를 제시하고 고객사와 당사의 추진체제 및 스케줄을 밝힌다. 아울러 소요예산과 산출근거를 제시한다. 마지막으로 'Why 메시지' 를 던지면서 '왜 당사를 선택하지 않으면 안 되는지' 를 설명한다. 물론 이러한 것들을 전달할 때의 화법은 Whole-Part-Whole법을 사용한다.

둘째, '현상-문제점-대책' 이라는 로직이다. 업종에 관계없이, 긴급을 요할 때 가장 많이 사용하는 로직이다. 문제점이라는 용어에 대해 잘 모르는 사람들이 많은 것 같다. 문제점이란 '문제의 원인 가운데 대책을 수립할 수 있는 것' 을 말한다. 예를 들어 "퍼블리싱 게임의 기술지식을 효율적으로 저장하고 다양하게 활용할 수 있게 하려면 어떻게 해야 하는가?"라는 주제로 프레젠테이션을 한다고 하자. 현상 파트에서는 "현재 퍼블리싱 게임들에 대한 기술 정보를 추적하고 파악하기 힘들다."라는 메시지와 함께 팩트들을 제시한다. 문제점 파트에서는 "퍼블리싱 게임에 관한 기술정보가 다양한 곳에 산재해 있다."라는 메시지를 전하며 역시 그와 관련한 팩트들을 제시한다. 대책 파트에서는 "지식정보시스템을 구축하고 활용하여 정보의 저장을 극대화하는 방안"을 제시하고 구체적인 방법들을 밝히면 된다.

셋째, '대전제-소전제-결론'이라는 로직이다. 이 로직은 기획을 할 때 가장 많이 사용하는 로직이다. 대전제는 보편적이고 일반적인 원리를 밝히는 것이다. 즉 환경이 이러이러하게 변화하고 있음을 설명하는 것이다. 소전제는 개별, 즉 자사의 현상에 대해 언급하는 것이다. 결론은 "그래서 우리 회사도 이렇게 가야 한다."라고 제안하는 것이다. 예를 들어, 대전제에서 "현재 50~60대의 인터넷 사용률이 높아지고 있다."라고 제시한다. 소전제에서는 "우리 회사의 사이트에는 50~60대 시니어 층에 최적화된 서비스가 없다."라는 사실을 밝힌다. 결론에서는 "우리 회사도 50~60대 인터넷 이용률 증가에 발맞춘 시니어 최적화 서비스 시스템을 구축해야 한다."라고 제안하는 것이다.

넷째, 'As-is, To-be, How-to' 로직이다. As-is는 현재 있는 그대로의 상태를 분석하는 것이다. To-be는 있어야 할 모습 또는 바람직한 상태를 도출하는 것이다. How-to는 To-be와 As-is사이의 차이를 분석하여 그것을 어떻게 해결할지 방안을 마련하는 것이다. 예를 들어, As-is 파트에서 "우리 빌딩의 공실률이 27%다."라는 사실을 밝힌다. To-be 파트에서는 "빌딩의 공실률이 제로가 되지 않으면 안 된다."라는 메시지를 제시하고, 그 근거를 팩트로 입증한다. How-to 파트에서는 "빌딩 공실률 27%를 메우기 위한 방안"을 제안하면 된다. 그런데 'As-is, To-be, How-to' 로직은 결코 만만치가 않다. 정말 어렵고 힘든 로직이다. 왜냐하면 To-be를 규명하기가 매우 어렵기 때문이다.

이란 여인들의 얼굴을 가리는 검은색 천을 '차도르'라고 한다. 회사원 시절, 선경인더스트리에서 이 차도르를 수출하려고 했는데, 색상을 맞추기가 무척 힘들었다. 왜냐하면 검정색도 다 같은 검정색이 아니었기 때문이다. 짙은 감색부터 슈퍼블랙에 이르기까지 색상의 차이가 매우 다양했다. 이란의 여인들이 얼굴을 차도르로 확실히 가리려면 슈퍼 블랙의 색상을 가져야 했다.

그 당시 선경인더스트리의 기술로는 슈퍼 블랙 색상을 구현할 수 없었다. 선경인더스트리가 검정색 색상을 구현할 수 있는 수준은 심색도 수치로 따지면 22에 불과했다. 이 정도의 심색도 수치로는 이란 여인들의 얼굴을 확실히 가릴 수 없었다. 수출을 할 수도 없었고 이익을 낼 수도 없었다. 슈퍼 블랙을 구현할 수만 있다면, 이란을 비롯한 중동의 차도르 시장을 석권할 수 있었다. 각고의 노력 끝에 검정색의 심색도 수치가 32는 되어야 슈퍼 블랙 색상을 구현할 수 있고, 염료의 비중이 2배 이상 높아지기 때문에 가격을 30% 이상 높게 받을 수 있다는 것을 규명하였다.

이 사례로 보면, As-is 파트에서 검정색의 심색도 수치는 22이다. To-be 파트의 심색도 수치는 32이다. 검정색 심색도 수치 10의 차이를 메우기 위한 How-to 전략이 무엇일까? 그것을 밝히는 것이 'As-is, To-be, How-to' 로직이다.

다섯째, '문제-원인-해결책'이라는 로직이다. 더 이상 설명이 필요 없는 로직이다. 긴급장애를 예로 들면, '문제'는 "긴급장애 발생 시, 이에 대한 대처가 제 때에 이루어지지 않는다."이다. '원인'은 "긴급장애 발생 시 대처를 위한 프로세스가 정립되어 있지 않기 때문"이었다. 그에 따른 '해결책' 은 "긴급장애 발생 시 대처를 위한 장애 전파 프로세스를 매뉴얼화 하고 공유해야 한다."라는 식으로 제안을 하면 된다.

이상의 다섯 가지가 비즈니스에서 자주 쓰이는 로직들이다. 역시 모두 세 파트로 구성되어 있다. 이 외에도 3으로 이루어진 로직에는 '과거-현재-미래' 처럼 생각을 시간의 흐름에 따라 시계열적으로 정리하는 방법이 있다. '공장A-공장B-공장C' 와 같이 지리적 · 공간적으로 정리하는 방법도 있다. '소→중→대' 처럼 단계적으로 스토리를 구성하는 방법도 있고, '사실1-사실2-결론' 과 같이 귀납적으로 정리할 수도 있다. '방법1-방법2-방법3' 처럼 해결책을 중심으로 로직을 구성할 수도 있는데, 이 로직은 고객과 문제인식이 완벽하게 일치하고, 정보 공유가 잘 되어 있을 때 구성하는 방법이다.

프레젠테이션의 제약조건을 확인한 후, 내용을 구성할 때는 앞서 설명한 것처럼 3부로 구성하는 것이 바람직하다.

자료를 시각화 할 때는
사람들의 평생습관을 이용하라

습관이란 어떤 행위를 오랫동안 되풀이하는 과정에서 저절로 익숙해진 행동방식을 말한다. 습관을 바꾸기는 정말 쉽지 않다. 아니 거의 불가능하다고 해도 과언이 아니다. 사람들마다 모두 다른 습관을 가지고 있지만, 공통적으로 가지고 있는 습관도 있다. 아침에 일어나면 세수를 하고, 식사를 하고 난 뒤에는 양치질을 한다. 요즘 우리나라 사람들에게는 점심을 먹고 나서 커피를 마시는 습관이 새롭게 생긴 것 같다.

2부 '도입은 미지의 세계를 없애는 것으로부터 시작한다' 에서 아동문학가 박희순의 시 '슬그머니 들어온 습관' 을 소개하였다. 그 시의 내용처럼 습관은 슬그머니 내 안으로 들어와서 아무리 발버둥 쳐도 나가지 않는다. 아무리 발버둥 쳐도 나가지 않는 습관을 거스르면서 프레젠테이션을 하려는 사람들이 많다. 그런 프레젠테이션이 잘 될 리 없다.

자료를 시각화하는 방법을 설명하기 전에 전 세계인이 공통적으로 보유하고 있는 습관에 대해 소개하고자 한다.

전 세계인이 보유한 습관 중 하나는 '글을 보면 무조건 읽기 시작한다'는 것이다. 물론 문맹이 아니라면 말이다. 프레젠테이션 화면에 글이 많으면 청중은 그 글을 읽으며 혼자 힘으로 이해하려고 한다. 절대 발표자의 이야기만 듣고 있으려 하지 않는다. 발표자는 자신의 지식과 경험을 총동원하여 며칠 밤을 새가며 슬라이드를 만들었을 것이다. 며칠 밤을 새가며 만든 로직을 발표자의 설명도 듣지 않고 쉽게 이해할 수 있겠는가? 아마 발표자가 의도한 것의 절반도 이해하지 못할 것이다.

인지심리학의 실험 결과에 의하면, 인간은 보면서 들었을 때 이해가 가장 빠르다고 한다. 따라서 프레젠테이션 할 때 청중으로 하여금 슬라이드를 읽게 만들어서는 절대 안 된다. 발표자는 청중이 슬라이드를 보면서 자신의 설명을 들을 수 있도록 모든 방법을 강구해야 한다.

영화관에 가서 외국영화를 보면 자막을 읽으며 영화를 볼 수밖에 없다. 그렇게 외국영화를 보고 1년쯤 지나면, TV에서 더빙을 하여 그 영화를 방영한다. TV로 외국영화를 보면서 항상 느끼는 것이 있다.

'저런 장면도 있었나?'

영화관에서 영화를 볼 때, 자막을 읽다가 그 장면을 놓치기 때문이다. 프레젠테이션도 마찬가지다. 슬라이드에 글이 많으면 청중이 그 글을 읽다가 발표자의 이야기를 놓치는 경우가 많다. 그러면 가끔 이런 질문이 나온다.

"잠깐 앞 페이지 좀 다시 보여주시겠어요?"

그래서 발표자가 앞 페이지를 펼치면 "네 감사합니다. 그런데 이 차트에서 의미하는 게 도대체 뭐죠?" 하고 질문을 한다. 분명히 그 페이지를 설명할 때 차트의 의미를 전달했지만, 제대로 안 들었기 때문에 이해를 못하고 질문하는 것이다. 청중이 슬라이드를 읽지 않고 발표자의 이야기를 듣게 만들려면 어떻게 해야 할까?

울산광역시 울주군 언양읍 대곡계곡을 거슬러 올라가면 선사의 신비를 간직한 반구대 암각화가 나타난다. 절벽의 바위 위에는 사슴, 거북, 호랑이 등 수백 종류의 동물과 함께 고래를 잡는 모습 등이 새겨져 있다. 이 암각화를 보고 있으면 당시 인류의 모습과 생활상이 한눈에 들어온다.

선사시대, 우리의 조상들이 바위에 새겨놓은 그림이 6,000년이 지난 지금의 우리에게 메시지를 전하는 것이다. 우리의 조상들은 문자가 생기기 전부터 그림으로 메시지를 전달해 왔다. 글 없이 돌에 새겨 놓은 그림만으로도 우리는 그 당시의 생활상을 어느 정도 이해할 수 있다. 우리의 조상들이 그랬듯, 프레젠테이션도 그림, 즉 도해圖解만으로 충분히 자신의 의사를 전달할 수 있다.

TV의 뉴스를 보고 있으면, 앵커의 이야기가 쉽게 이해된다. 화면 아래에 키워드가 나오고 오른 쪽 상단에 뉴스와 관련된 이미지가 나오기 때문이다. 앵커의 이야기 내용 전체가 자막으로 계속 뜬다고 생각해 보자. 아마 앵커가 무슨 말을 하고 있는지 이해하기 힘들 것이다.

도해와 키워드. 이것이 청중이 슬라이드를 읽지 않고 발표자의 이야기를 듣게 만드는 비결이다. 사람들은 스티브 잡스의 프레젠테이션에 열광한다. 그의 프레젠테이션에 그토록 열광하면서 왜 그의 비결은 본받지 않는가? 스티브 잡스의 프레젠테이션에 글이 들어가 있는 걸 본 적이 있

〈문서〉

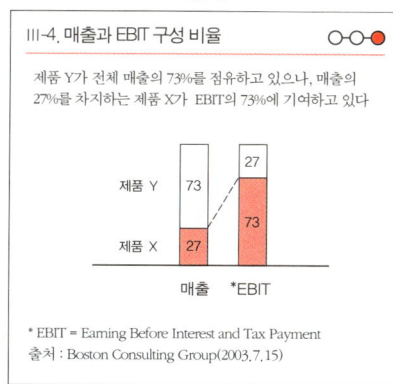

〈프레젠테이션〉

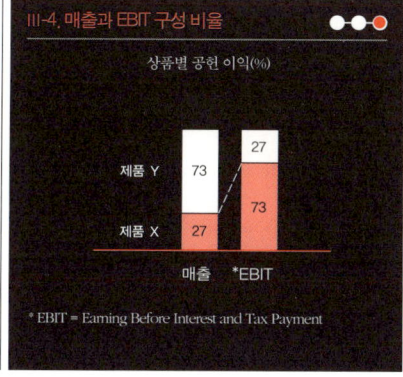

- 완벽한 데이터
- 세부적인 사항까지 기술
- 핸드아웃 자료로 적합

- 차트 한 장에 하나의 분명한 메시지
- 이해하고 기억하기 쉬울 것
- 핸드아웃 자료로 부적합

는가? 도해, 즉 이미지와 키워드뿐이다. 그럼에도 불구하고 우리나라의 비즈니스맨들은 여전히 글이 빽빽한 문서를 그대로 스크린에 띄우고 프레젠테이션을 한다. 문서와 프레젠테이션은 다르다는 것을 인식하지 못하고 있기 때문이다.

맥킨지는 문서와 프레젠테이션이 완전히 다르다는 것을 처음으로 인식한 기업이다. 이 회사에서는 문서와 프레젠테이션을 분명하게 구분하고 있다. 문서는 데이터가 완벽해야 하며, 세부적인 사항까지 기술되어 있어야 한다. 그 문서를 읽고 궁금한 게 생기면 안 된다는 뜻이다. 문서는 프레젠테이션 할 때 배포자료로 사용하면 된다. 이에 비해 프레젠테이션에 사용하는 슬라이드는 한 장에 하나의 명확한 메시지만 실려 있어야 한다. 무엇보다 청중이 이해하기 쉽고 기억하기 쉬워야 한다. 슬라이드를 배포자료로 사용해서는 안 된다. 청중에게 배포하는 자료는 상세한 사항까지 들어간 완전한 형태의 문서여야 한다. 문서를 배포한 후, 다음과 같이 말하면서 프레젠테이션을 시작하면 된다.

"오늘 제가 발표할 내용은 지금 나누어 드린 자료에 상세하게 적혀 있습니다. 제가 그 내용을 핵심만 간추려서 설명드릴 테니 프레젠테이션 중에는 스크린에 주목해 주시면 감사하겠습니다."

한 마디로 이야기 하면, 문서는 '신문광고'이고 프레젠테이션 슬라이드는 '고속도로변 광고'다. 고속도로변 광고는 시속 100킬로미터로 달리면서 보더라도 광고의 메시지가 운전자에게 전달되어야 한다. 고속도로변 광고판이 글로 되어 있다면, 아마도 손해보험회사들이 모두 망할 것이다.

자, 이제 전 세계인이 공통적으로 보유하고 있는 또 하나의 습관에 대해 알아보자. 세상 사람들 누구나 가지고 있는 습관 중 또 하나는 '문서를 작성할 때 문어체로 작성한다'는 것이다. 문어체는 우리말로 '글말'이라고 한다. 그런데 프레젠테이션을 자연스럽게 하려면 구어체, 즉 '입말'을 사용해야 한다. 입말과 글말은 다르다.

프레젠테이션을 하다가 말이 꼬인 적이 있는가? 말이 꼬인 순간, 모든 것을 까먹지는 않았는가? 왜 말이 꼬였을까? 그리고 왜 그 순간 모든 것을 까먹었을까?

글이 빼곡한 문서를 가지고 프레젠테이션을 해서 그렇다. 문서를 작성할 때는 문어체로 작성할 수밖에 없다. 스크린에 띄운 문어체를 보고 구어체로 이야기할 수 있는 사람이 몇이나 있을까? 웬만큼 훈련된 사람이 아니면 불가능하다. 문어체를 보면서 구어체로 이야기하려고 하니까 말이 꼬이고 모든 것을 잊어버리는 것이다.

슬라이드가 도해와 키워드 위주로 되어 있으면, 발표자가 도해와 키워드를 구어체로 연결시킬 수 있다. 그러면 청중이 발표자의 이야기를 도해와 관련지어 쉽게 이해할 수 있다. 당연히 프레젠테이션이 자연스러워진다.

도해와 키워드. 이 두 가지가 프레젠테이션을 자연스럽게 할 수 있는 비결이다. 사람이 세상에 태어나면 글보다 말을 먼저 배운다. 글을 읽게 만들지 말고 보면서 듣게 만들어라.

애니메이션 효과를
최소화하라

애니메이션이란 '만화나 인형을 이용하여 마치 살아 있는 것처럼 생동감 있게 촬영한 영화 또는 그 영화를 만드는 기술' 이다. 마치 살아 있는 것처럼 생동감을 주기 위해서 파워포인트 같은 프로그램에도 애니메이션 효과를 주는 기술이 적용되었다. 청중의 몰입도와 집중력을 높이기 위해서다. 내밀기, 닦아내기, 안쪽으로 나누기, 바깥쪽으로 확장하기, 아래로 내리기, 위로 올리기 등이 대표적인 애니메이션 효과들이다.

많은 비즈니스맨들이 파워포인트와 같은 소프트웨어를 사랑하는 것 같다. "핑, 찰카닥, 획" 효과음과 함께 애니메이션 효과를 극대화한다. 목차를 설명할 때도 로마 숫자 I 은 왼쪽에서 튀어 나오고, 로마 숫자 옆의 점은 밑에서 올라온다. 목차 I 의 내용은 오른쪽에서 왼쪽으로 밀고 나온다. 정말 화려하기 이를 데 없다. 내가 보아도 효과를 주기 위한 노력이 가상하기 그지없다.

제대로 된 상사라면 이런 화려한 애니메이션 효과를 보고 할 말이 딱 한 가지 밖에 없을 것 같다.

"너 정말 시간 많구나."

발표자는 메시지와 로직에 입각해서 프레젠테이션을 해야 한다. 애니메이션을 너무 많이 구사하면, 정작 언제 어느 부분에 애니메이션을 주었는지 기억을 못 할 때도 많다. 이전 슬라이드에 대한 설명을 끝내고 다음 메시지를 언급하면서 노트북의 버튼을 눌렀는데, 다음 메시지는커녕 "휙" 하고 무언가 또 튀어나온다. 그러면 할 말은 뻔하다.

"죄송합니다. 이건 조금 전에 설명한 것입니다."

애니메이션 효과는 다음과 같은 세 가지 경우에만 사용하는 것이 바람직하다.

첫째, 청중을 생각하게 만들거나 호기심을 유발하고 싶을 때다. 한꺼번에 모든 내용을 제시하기보다 하나씩 제시하면서 청중을 생각하게 만들거나, 호기심이나 관심을 유발하면서 프레젠테이션 하고 싶을 때 애니메이션 효과를 주면 좋다. 한 가지를 설명한 후, 수사적 질문을 던지고 잠시 짬을 둔다. 그러면 청중이 '다음 사항이 무엇일까?' 하고 생각을 한다. 이렇게 청중을 생각하게 만들거나 호기심을 유발한 후, 버튼을 눌러 다음 사항이 나오도록 만드는 것이다. 이와 같은 방식으로 애니메이션 효과를 주어야 청중을 프레젠테이션에 참여시킬 수 있다. 그러면 'Talk with' 가 가능해진다.

〈3-3〉과 같은 도표는 문서로서는 정말 좋다. 전체 프로세스와 프로세스 별 내용이 상세하게 적혀 있다. 이러한 도표를 한꺼번에 스크린에 띄

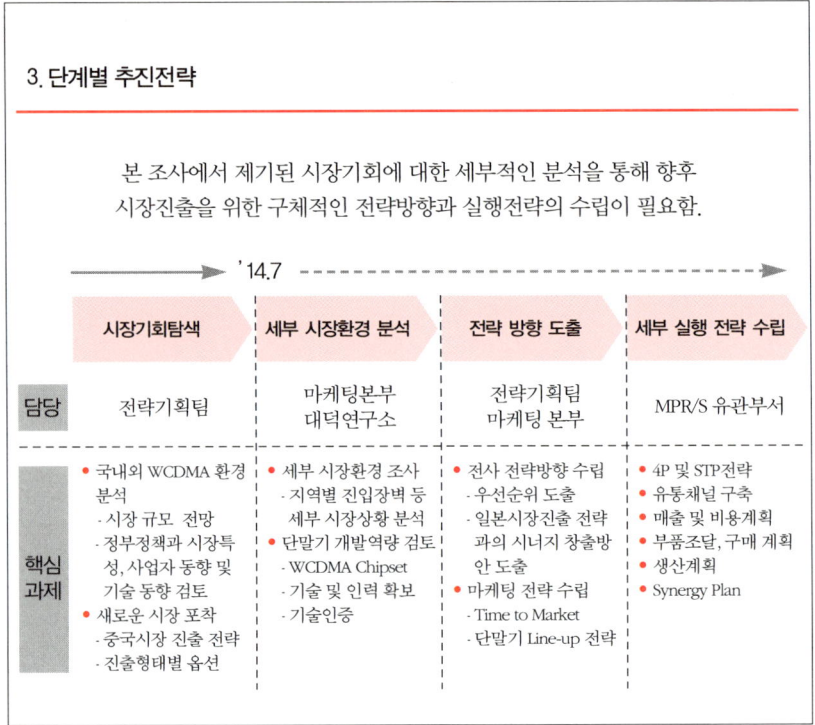

우면 청중은 숨이 턱 막힌다. 발표자도 설명을 하다가 제 풀에 쓰러져버릴 것이다.

이러한 문서를 프레젠테이션 할 때는 어떻게 바꿔야 할까? 이럴 때는 전체 페이지를 한꺼번에 스크린에 띄우기보다 단계별로 애니메이션 효과를 주면서 설명하는 게 좋다. 〈3-4〉의 도표처럼 프로세스 전체 중 첫 번째 단계에 색을 주고 다른 단계와 구분을 한다. 그런 다음, 첫 번째 단계의 핵심 키워드만 노출하고 프레젠테이션을 해야 한다. 네 번의 애니메

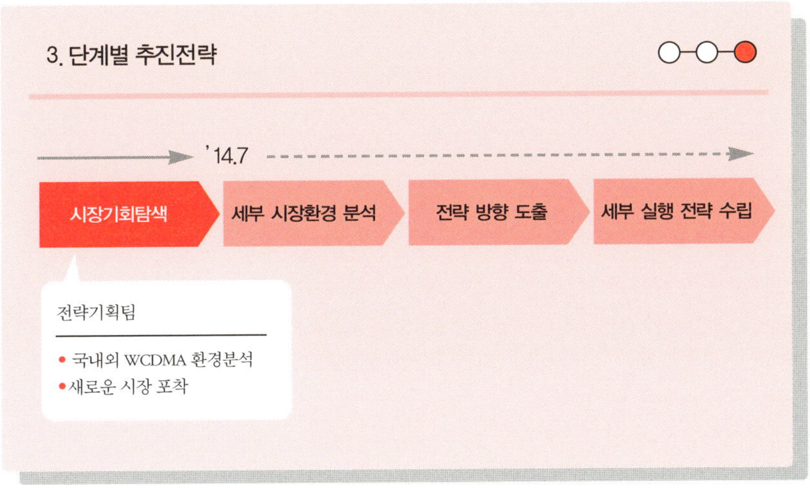

이션 효과를 주면서 프레젠테이션을 하는 것이다. 그래야 청중의 집중력과 이해도를 높일 수 있다.

둘째, 메시지를 강조하고 싶을 때다. 슬라이드의 내용을 모두 설명한 후, 다시 한 번 메시지를 강조하고 싶을 때 애니메이션을 준다. 메시지를 강조하기 전에 수사적 질문을 던져서 청중의 관심을 불러일으킨 후, 버튼을 눌러 그 페이지의 핵심 메시지가 스크린에 나타나도록 만들면 된다. '강조를 하기 위한 짬' 과 함께 애니메이션 효과를 주면, 핵심 메시지가 청중의 뇌리 속에 정확히 각인될 것이다.

셋째, 슬라이드의 특정한 부분을 가리키고 싶을 때다. 레이저 포인터를 쓰지 말고, 가리키고 싶은 부분에 효과음과 함께 애니메이션 효과를 주면 청중의 시선이 자연스럽게 그 부분을 향할 것이다.

이상 세 가지 경우 이외에 애니메이션 효과를 주는 것은 시간낭비일 뿐이다. 다시 한 번 강조한다. 애니메이션 효과나 효과음을 주기 위해 공을 들일 시간이 있다면, 그 시간에 메시지와 로직에 전력투구하자.

색을 사용할 때는
이유와 기준을 명확하게 하라

인간공학Human Engineering에서 인간의 정보 독해 속도에 대해 연구한 적이 있다. 인간이 무언가를 보았을 때, 그 의미를 가장 빠르게 해독할 수 있는 것은 무엇일까? 인간공학의 연구결과에 의하면 그 결과는 다음과 같다.

첫째, 색
둘째, 도해
셋째, 글자

자료를 만들 때 인간공학의 연구결과를 적용하면, 프레젠테이션을 효과적으로 할 수 있다. 아니 문서를 작성할 때도 마찬가지다. 〈3-5〉의 차트를 보라. 시선이 제일 먼저 가는 곳이 어디인가?

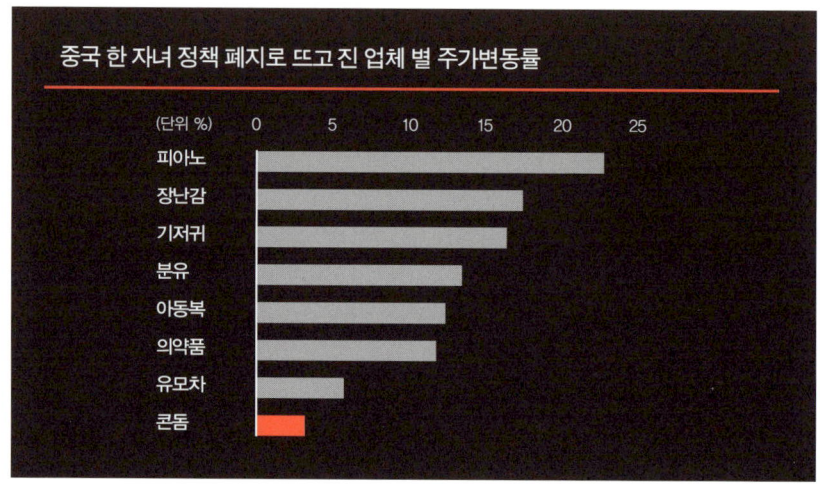

중국 한 자녀 정책 폐지로 뜨고 진 업체 별 주가변동률

사람들의 시선이 빨간색으로 바로 갈 것이다. 무언가 사람의 시야에 들어 왔을 때, 가장 먼저 시선을 사로잡는 것은 색이다. 신호등이 색으로 구분되어 있는 것도 이와 무관치 않다. 시속 80킬로미터로 달리다가도 신호등의 빨간색을 보면 곧바로 브레이크를 밟는다. 만일 신호등이 색이 아니라 글로 되어 있다고 생각해 보라. 아마 손해보험사 직원들은 사고를 처리하느라 정신을 못 차릴 것이다. 두 번째로 시선을 이끄는 것은 도해, 즉 그림이다. 가장 늦게 시선이 가는 것이 글이다. 인간공학의 실험결과를 보더라도 프레젠테이션 자료를 그림, 즉 이미지와 키워드로 만들어야 하는 것은 자명한 이치다.

색을 사용할 때도 인간공학의 실험결과를 철저히 이용해야 한다. 프레젠테이션에 사용할 슬라이드나 문서를 보면, 대개의 경우 색이 너무 많이 사용되고 있다. 무엇을 보라는 이야기인가? 색은 프레젠테이션 자료를 멋있고 예쁘게 만들기 위해 사용하는 것이 아니다. 색을 쓸 때는 쓴 이유와 기준이 명확해야 한다. 슬라이드나 문서에 무분별하게 색을 사용하면, 상사들이 할 말은 역시 한 가지 밖에 없다.

"너 요즘 유치원 다니니? 색칠 공부해?"

색을 사용할 때, 다음과 같은 세 가지 관점에서 사용하면 무리가 없을 것 같다.

첫째, 정보나 메시지를 구분하고 싶을 때 색을 사용한다. 〈3-5〉의 도표에서 빨간 막대 부분은 다른 막대와 곧바로 구별할 수 있다. 그런데 대부분의 사람들은 차트를 멋있게 만들기 위해서 막대마다 색을 다르게 입힌다. 맨 위는 파란색, 그 다음 막대는 빨간색, 다음은 분홍색, 다음은 초록색. 도대체 어디를 보라는 이야기인지 알 수가 없다. 다시 한 번 강조하지만, 색은 다른 정보나 메시지와 구분하기 위해 사용하는 것이다.

둘째, 메시지를 강조하거나 의미 있는 부분에 색을 사용한다. 슬라이드에서 강조하고 싶은 부분에 색을 주면, 따로 강조하지 않아도 그 메시지가 중요하다는 것을 청중들이 쉽게 파악할 수 있다.

셋째, 슬라이드의 특정 부분을 가리키고 싶을 때 색을 사용한다. 애니메이션 효과를 주는 세 번째 이유와 마찬가지다. 레이저 포인터를 사용하지 말고 가리키고 싶은 부분에 색을 주면, 청중의 시선 역시 자연스럽게 그 부분으로 향할 것이다. 한 장의 슬라이드에 너무 많은 색을 사용하거나 슬라이드마다 색의 사용에 일관성이 없으면, 청중이 엄청난 혼란에 빠지게 될 것이다. 색을 사용할 때는 그 이유나 기준을 명확히 해야 한다.

슬라이드와 문서의 바탕색에 대해서도 고려해야 할 점이 있다. 결론부터 말하면, 문서를 작성할 때는 바탕을 하얀색으로 하는 것이 좋고, 슬라이드를 만들 때는 검정색을 바탕으로 사용하는 것이 바람직하다. CEO들은 대개 나이가 많다. 나이가 들면 눈이 쉽게 피로해진다. 바탕색이 하얀색이면 눈이 부시고 쉽게 피로해진다. 젊은 사람들은 절대 이해 못한다. 나이 들어 봐야 깨달을 수 있다. 문서는 바탕색이 하얗더라도 상관없지만, 프레젠테이션을 할 때는 바탕색이 짙은 게 좋다. 그래야 눈이 부시지 않다. 슬라이드의 바탕을 검정색으로 하면, 스크린 전체를 여백으로 만들수도 있다. 스크린 전체를 여백으로 만들면, 청중은 보다 여유롭게 프레젠테이션에 귀를 기울일 것이다. 문서와 프레젠테이션은 다르다는 점을 반드시 기억하자.

맥킨지 5원칙으로
자료를 시각화하라

비즈니스 프레젠테이션을 처음으로 정의한 것이 안토니 제이라면, 자료의 시각화에 대해 가장 먼저 감을 잡은 기업은 맥킨지였다. 지금부터 맥킨지에서 프레젠테이션 자료를 시각화할 때 사용하는 다섯 가지 원칙을 소개하겠다. 그 원칙은 다음과 같다.

1. 차트 한 장에 하나의 명확한 메시지만 담는다(One clear message per chart)
2. 제목과 내용이 정합성을 이루어야 한다(Title and content work together)
3. 차트는 판독하기 쉬어야 한다(Legible)
4. 양은 적을수록 좋다(Less is better)
5. 단순하고 일관성 있는 포맷이어야 한다(Simplicity and consistency in format)

맥킨지라고 해서 처음부터 잘했던 건 아니다. 맥킨지도 예전에는 〈3-6〉

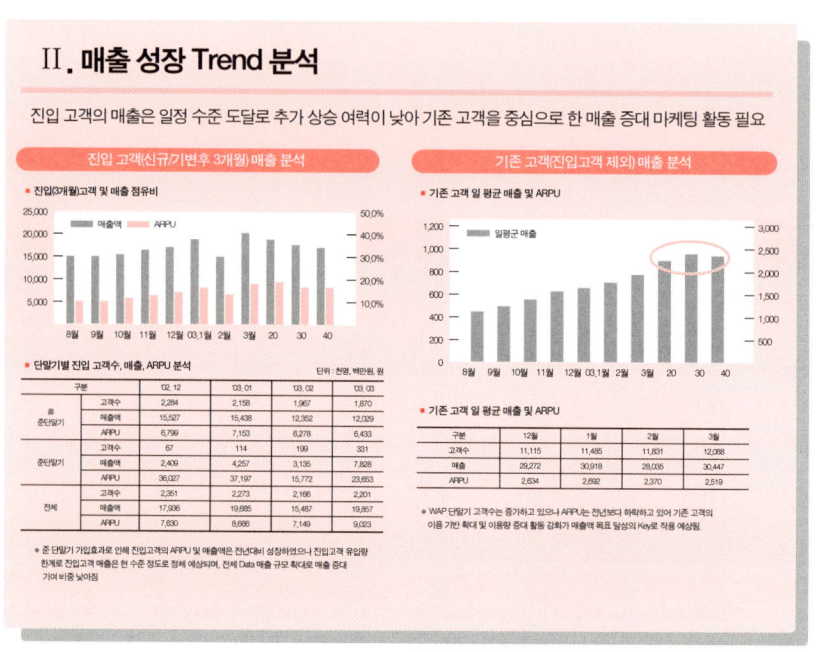

의 도표와 같은 슬라이드를 스크린에 띄워서 프레젠테이션을 했다. 이런 자료를 스크린에 띄우면, 청중은 반쯤 돌아버린다. 슬라이드가 아니라 문서라면 세부적인 사항까지 구체적으로 나와야 하기 때문에 문제가 없다. 그러나 이런 자료로 프레젠테이션을 할 수는 없다.

첫 번째 원칙은 '차트 한 장에 하나의 명확한 메시지만 담는다' 이다. 차트 한 장에 하나의 명확한 메시지만 실어야 한다. 수박이나 케이크를 먹을 때 통째로 먹을 수는 없다. 먹기 좋게 조각으로 잘라야 한다. 프레젠테이션도 마찬가지다. 한 페이지에 너무 많은 메시지가 들어 있으면 소화불

량에 걸린다. 청중이 소화하기 가장 좋은 분량은 차트 한 장에 하나의 명확한 메시지만 들어 있는 것이다.

두 번째 원칙은 페이지의 '제목과 내용이 정합성을 이루어야 한다'이다. 즉, 한 장의 차트에 그 페이지의 제목과 관련된 내용만 담겨야 한다는 뜻이다. 많은 비즈니스맨들이 이와 관련한 잘못을 자주 범한다. 슬라이드의 핵심 메시지를 기술하고도 여백이 많이 남으니까 그 슬라이드의 제목과 관련 없는 내용을 담는 것이다. 유능한 상사일수록 그런 부분을 참지 못하고 혼란스러워 한다.

"지금 그 내용이 저 제목과 무슨 관련이 있지요?"

L사의 연구소에 프레젠테이션 강의를 하러 갔었다. 교육생 중 한 명이 '향후 5년간의 핵심기술 투자를 위한 TRMTechnology Road Map 구축방안'에 대해 프레젠테이션을 했다. 본론부에 들어가자 '당사 TRM의 필요성' 페이지가 스크린에 올려졌다. TRM의 필요성을 언급한 것은 딱 세 줄이었다. 내가 보기에도 TRM의 필요성을 세 가지로 잘 정리한 것 같았다. 그런데 그 다음이 문제였다. 세 줄 정도 아래에 표가 그려져 있었다. 처음 그 자료를 봤을 때는 TRM의 필요성에 대해 서술한 표라고 생각했는데, 자세히 보니 TRM의 프로세스에 대해 설명하는 표였다. 그 교육생은 필요성에 이어 프로세스를 설명해나갔다. 그런 뒤에 다음 페이지로 넘겼는데, 제목이 'TRM의 프로세스'였다. 그러더니 그 페이지에서 또 프로세스에 대한 부연 설명을 하는 것이 아닌가? 갑자기 몸이 뒤틀리며 짜증이 났다.

셋째는 '차트는 판독하기 쉬워야 한다'이다. 스크린에 슬라이드를 띄웠으면 청중이 그 슬라이드를 보고 바로 판독할 수 있도록 만들어야 한다. 슬라이드를 보고 오래 생각해야 하거나, 생각하다가 포기하게 만들면 안 된다. 〈3-7〉의 도표와 같은 슬라이드를 스크린에 올리면 쳐다보기도 싫을 것이다. 판독하기가 너무 어렵기 때문이다.

슬라이드는 맨 뒤에 있는 청중까지도 곧바로 이해할 수 있도록 만들어야 한다. 맨 뒤가 아닌데도 슬라이드 그래프의 X축과 Y축 수치가 안 보일 때가 있다. 그래프뿐만 아니라 도해, 선, 글자, 점 등 슬라이드에 표시했으면 모든 것이 맨 뒤에 있는 사람에게까지 선명하게 보여야 한다. 보라고 올렸는데 안 보이는 것만큼 짜증나는 것도 없다. 만일 슬라이드에 희미하게 보이는 것이 있으면 청중은 '저게 뭘까?' 하고 생각하며 발표자의 이야기를 듣지 않는다. 왜냐하면 미지의 세계이기 때문이다. 명심하라. 유능하고 로지컬한 상사일수록 궁금한 것을 못 참는다.

넷째는 '양은 적을수록 좋다' 이다. 정보의 양과 이해하는 힘은 '트레이드 오프Trade off' 의 관계이다. 한 쪽을 취하면 또 다른 한 쪽을 희생할 수밖에 없는 관계라는 뜻이다. 정보의 양이 많으면 청중의 이해도가 떨어지고, 정보의 양이 적으면 청중의 이해도가 올라간다.

얼마 전, 월터 아이작슨이 쓴 스티브 잡스의 전기를 읽으면서 확실하게 깨달은 것이 있다. '아마 이 920쪽 짜리 책을 처음부터 끝까지 읽은 사람은 이 세상에 두 사람 밖에 없을 것 같다. 저자와 번역자.' 적은 양으로 메시지를 확실하게 전달할 수만 있다면, 그보다 좋은 것은 없다.

마지막은 '단순하고 일관성 있는 포맷이어야 한다' 이다. 이유나 기준도 없이 페이지마다 색을 바꾸는 사람이 있다. 이런 사람도 청중을 짜증나게 만드는 사람들 중 하나다. 글자의 크기, 박스의 크기, 글자의 간격, 색의 사용 등 모든 것을 가급적 일관되게 표현하면 좋을 것 같다. 슬라이드의 포맷도 단순할수록 좋다. 지금까지 이 책에 나온 슬라이드 예시도 매우 단순하지 않은가? 특히 'One Page, One Message' 를 반드시 지켜야 한다. 그래야 슬라이드를 단순하고 판독하기 쉽게 만들 수 있다.

맥킨지에서는 이상의 다섯 가지 원칙에 따라 프레젠테이션 자료를 문서와 다르게 시각화한다. 다섯 가지 원칙을 적용해서 슬라이드를 만든 후, 세 가지 의문을 품고 다시 한 번 확인한다.

Cut it!

Cut it!

Cut it!

　'슬라이드의 내용 중에서 더 없앨 수 있는 것은 없을까?' 하고 세 번 더 생각한다. 프레젠테이션의 양은 적을수록 좋다. 어떻게 해서든 프레젠테이션 자료를 줄여야 한다. 이를 위해 다시 한 번 강조한다. '무엇을 위해 청중이 무엇을 듣고 싶어 하는지' 를 생각하고, 청중을 설득할 수 있는 포인트가 무엇인지 생각하자.

리허설을 하면서
논리를 재점검하라

" '나는 말 주변이 없어' 라는 말은 '나는 무식한 사람이다' '둔한 사람이다' 하는 소리다. 화제의 빈곤은 지식의 빈곤, 경험의 빈곤, 감정의 빈곤을 의미하는 것이다. 말솜씨가 없다는 것은 그 원인이 불투명한 사고방식에 있다. 케네디를 케네디로 만든 것은 무엇보다 그의 말이다. 소크라테스, 플라톤, 공자 같은 성인도 말을 잘 하였기 때문에 그들의 사상이 전파 계승된 것이다. 덕행에 있어 그들 만 한 사람들이 있었을 것이나, 그들과 같이 말을 할 줄 몰라서 역사에 자취를 남기지 못한 것이다."

한국 수필 문학의 백미 〈인연〉. 고등학생 시절, 〈인연〉이라는 수필로 가슴을 설레게 만들었던 작가 피천득. 위의 글은 그가 쓴 〈이야기〉라는 수필에 나오는 내용이다. 말솜씨가 없다는 것은 그 원인이 불투명한 사고방식에 있다.

"다음은 제조방법의 시스템화입니다."

"다음은 새로운 제조시스템 구축방안입니다."

"다음은 거래처 데이터 연계입니다."

프레젠테이션 할 때, 자주 목격하는 광경이다. 프레젠테이션 하는 광경을 실제로 보면, 발표자가 자신의 로직을 제대로 전달하지 못할 때가 많다. 크게 두 가지 관점에서 말솜씨가 없다는 것을 느낄 수 있다.

첫째, 자신이 전달하고자 하는 결론과 왜 그런 결론을 도출할 수밖에 없었는지, 그 이유를 설명하지 못한다.

둘째, 매 페이지마다 결론이 있어야 하는데, 페이지의 결론과 그 결론을 도출한 논리를 설명하지 못한다.

말은 어눌해도 좋다. 사투리가 들어가도 좋다. 달변이라고 해서 프레젠테이션을 잘 하는 것은 아니다. 자신의 메시지와 논리를 제대로 전달해야 프레젠테이션을 잘 하는 것이다. '다음은'이라고 말하면서 프레젠테이션을 하면, 발표자가 의도하는 논리를 청중이 제대로 이해할 수 없다. 나열식 프레젠테이션이기 때문이다. 왜 이런 일이 벌어질까?

어느 누구라도 프레젠테이션 자료를 만들 때 나열식으로 작성하지는 않는다. 나름의 논리를 가지고 작성한다. 그런데 자료를 완성하고 나면 그 논리를 잊어버린다. 따라서 자료를 완성한 뒤에는 리허설을 하면서 자료를 작성할 당시의 논리를 되찾아야 한다. 2부에서 '한 장짜리 요약본'을 만드는 방법을 소개했다. 〈3-8〉의 표는 그와 관련한 예시이다.

결론을 전달하고, 그 결론을 실현하는 방법을 세 가지로 소개하였다. 3부의 '본론부와 핵심 메시지를 세 가지로 정리하라' 부분에서 설명한 '방법1-방법2-방법3'의 로직이다. 과제는 '식품산업의 생산이력관리는

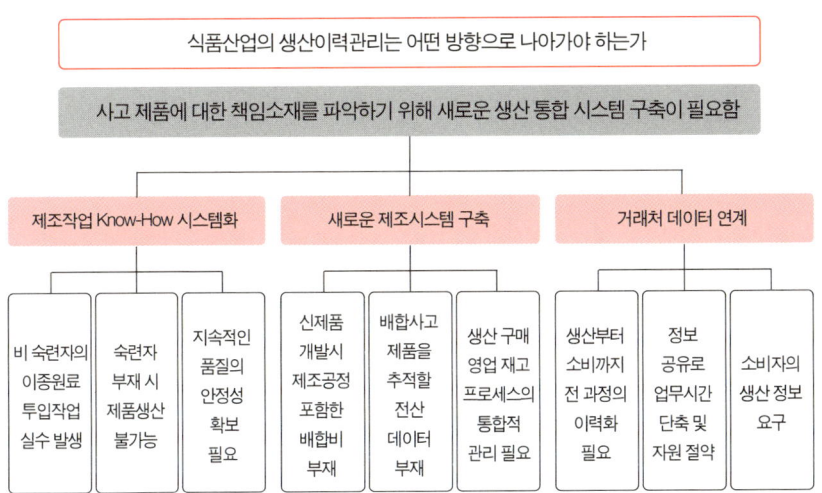

어떤 방향으로 나아가야 하는가'이다. 결론은 '사고 제품에 대한 책임소재를 파악하기 위해 새로운 생산 통합 시스템의 구축이 필요하다'이다. 새로운 통합 시스템을 어떻게 구축할 것인지도 세 가지로 정리하였다. 이와 같이 자신이 전달하고자 하는 결론과 왜 그런 결론을 도출할 수밖에 없었는지, 그 이유를 설명할 수 있어야 한다. 또는 결론을 진술하고 왜 그런 방법들을 선택할 수밖에 없었는지, 그 이유를 명확하게 밝히면 된다.

전체 로직을 '한 장짜리 요약본'으로 완성한 후에는 스토리 보드Story Board를 만들어야 한다. 스토리 보드의 예는 〈3-9〉와 같다.

스토리 보드를 만들 때는 'One Page, One Message'를 철저히 지켜야 한다. 매 페이지를 하나의 메시지, 즉 그 페이지의 결론으로 구성한다. 그

생산이력관리를 위한 배합사고방지시스템 구축 안	**Executive Summary** 사고 제품에 대한 책임소재를 파악하고 거래처와의 데이터공유 및 생산 전과정의 이력관리를 추적하기 위한 새로운 생산 통합 시스템 구축이 필요함	**목차** I. 배합사고방지 시스템의 구축 목적 및 도입효과 II. 배합사고방지 시스템 구축안 III. 향후추진계획	I -1. 생산이력관리의 정의
I -2. 생산이력관리 시스템 도입 배경	I -3. 새로운 시스템 구축목적	I -4. 시스템 도입 효과	**II -1. 제조방법의 시스템화** Key Message 1 제조 작업의 Know-how를 시스템화 시켜야 한다
Support-1 비숙련자의 이종원료 투입작업 시 실수 발생	Support-2 숙련자 부재 시 제품생산 불가능	Support-3 지속적인 품질의 안정성 확보 필요	**II -2. 새로운 제조시스템구축** Key Message 2 ERP시스템의 재고관리를 이차원 바코드를 통해 실물과 시스템 정보를 일치화함
Support-1 신제품 개발시 제조공정 포함한 배합비 부재	Support-2 배합사고 제품을 추적할 전산 데이터 부재	Support-3 생산 구매 영업 재고 프로세스의 통합적 관리 필요	(이하 생략)

리고 각 페이지의 결론들이 프레젠테이션의 전체 결론 하나로 연결되도록 로지컬하게 구성해야 한다. 그렇다면 매 페이지의 결론은 어떤 논리에 따라 구성하면 좋을까?

완벽한 메시지란 무엇일까? 다음의 세 가지를 갖추면 상대방에게 그 의미가 정확히 전달된다고 한다. 바로 'What' 'Why' 'How'다. 'What'은 '무엇을 해야 하는가' 또는 '무엇을 알아야 하는가'를 의미한다.

'Why'는 '그것을 왜 해야 하는가' 또는 '그것을 왜 알아야 하는가'를 뜻한다. 'How'는 '그것을 구체적으로 어떻게 할 것인가'에 대한 답이다.

삼성그룹의 고 이병철 회장은 직원들이 보고를 하러 오면 세 가지 질문을 던졌다고 한다. 그 세 가지 질문으로 삼성을 관리하고 성장시켰다고 한다. 첫 번째로 던진 질문은 "뭐꼬?"였다. 바로 'What'이다. 대부분 이 첫 번째 질문에서 박살이 났다고 한다. 'What'을 통과하면 두 번째로 이어지는 질문이 "와?"이다. 바로 'Why'다. 그 다음에는 'How' 즉, "우짜꼬?"였다. 이 이야기를 들으면서 이병철 회장은 정말 대단하고 효율적인 분이었다는 생각을 했다. 질문이 3음절을 넘지 않는다. "뭐꼬?" 2음절, "와?" 1음절, "우짜꼬?" 3음절. 3음절도 안 되는 질문으로 일의 본질과 일하는 방법을 가르쳤다.

페이지의 결론은 'What'이다. 그 결론을 전달하기 위한 로직은 'Why'와 'How' 밖에 없다. 페이지의 결론에 대해서 'Why'라는 물음이 생기면, 그 근거를 설명하면 된다. 페이지의 결론에 대해서 'How'라는 물음이 생기면 구체적인 방법을 설명하면 된다. 이 두 가지 방법 외에는 없다.

리허설을 할 때, 페이지를 만들 때의 논리를 재점검하라. 말솜씨가 없다는 것은 불투명한 사고방식 때문이라는 사실을 잊지 말자.

대가의 길로 가려면
만 시간의 연습이 필요하다

"찔러!"

"비켜 우로 찔러!"

"막고 차고 돌려 쳐!"

나는 육군 병장 출신이다. 국방의 의무를 다하기 위해 군 생활을 하던 그때, 가장 힘들었던 것이 총검술이었다. 그 당시 부대장님은 신병이건 말년 병장이건 총검술 17개 동작을 반드시 연마하게 했다. 하루에 한 시간씩 총검술 17개 동작을 고집스럽게 반복 훈련시켰다. 군대생활 중 최악의 기억은 제대 명령을 받기 전날까지, 말년 병장임에도 불구하고 총검술 훈련을 받은 것이다. 군바리 체력훈련을 시키는 것도 아니고, 그저 시간을 때우려는 게 아닌가 하는 의구심을 지울 수 없었다. 그러나 직장생활을 하면서 부대장님이 정말 훌륭한 군인이었다는 것을 깨달았다.

일을 탁월하게 잘 하려면 기본기부터 확실하게 습득해야 한다. 그리고 그 기본기를 수없이 반복하고 훈련해야 자기 것으로 만들 수 있다. 오십이 넘은 지금까지도 나는 당시에 몸에 익힌 총검술 17개 동작을 정확하게 재연할 수 있다.

제임스 헌터가 쓴 《서번트 리더십》을 보면, 습관이나 스킬을 익히기 까지는 다음과 같은 4단계가 필요하다고 한다.

① 무의식 & 비숙련
② 의식 & 비숙련
③ 의식 & 숙련
④ 무의식 & 숙련

첫 번째가 무의식 & 비숙련 단계다. 프레젠테이션 스킬을 배워야 한다는 것을 전혀 의식하지 못할 뿐만 아니라, 아예 관심도 없을 때다. 프레젠테이션 스킬이 전혀 숙련되지 않은 상태라고 할 수 있다. 두 번째가 의식 & 비숙련 단계다. 이 단계는 프레젠테이션 스킬을 익혀야 한다는 것을 의식하고는 있지만, 아직 제대로 개발되지 않은 상태를 뜻한다. 내가 첫 번째 프레젠테이션에서 개망신을 당한 후, 프레젠테이션에 대해서 연구하기 시작한 단계라고 할 수 있다. 연구를 하면서 프레젠테이션에 대한 이론과 지식을 습득하기는 했지만, 아직 그 스킬을 실전에서 제대로 구현하지 못할 때다.

비즈니스맨들이 교육을 받고 나서 항상 하는 이야기가 있다.

"교육받을 때는 참 좋고 현업에 적용할 수 있을 것 같은데, 교육이 끝나고 강의실 밖으로 나가자마자 모든 것을 까먹고 예전으로 돌아간다."

지극히 자연스럽고 당연한 이야기다. 그러나 이런 태도로는 자기 자신을 발전시킬 수 없다. 의식&비숙련 단계에서 세 번째 단계인 의식&숙련 단계로 끌어올려야 비로소 자신의 것이 되었다고 할 수 있다. 이 단계는 프레젠테이션 스킬이 능숙해지고 실전 프레젠테이션에 대해 부담을 느끼지 않는 상태를 말한다. 한마디로 프레젠테이션 스킬을 터득하는 단계라 할 수 있다. 그런데 의식 & 비숙련 단계에서 의식 & 숙련 단계로 오기까지가 무척 힘들다.

지난 2000년에 두뇌과학 연구자들이 새로운 물질을 발견하였다. 바로 '미엘린'이라는 물질이다. 스킬을 익히고 그 분야의 달인이 되려면 두뇌에 미엘린이라는 물질의 층이 두껍게 쌓여야 한다는 것이다. 그런데 이 미엘린 층을 두껍게 쌓는 방법은 오직 한 가지밖에 없다고 한다. 바로 지겨울 정도의 반복훈련이다. 반복훈련도 그냥 단순 반복훈련이 아니라, 몰입해서 훈련해야 한다는 것이다. 어느 정도로 몰입해서 반복훈련을 해야할까?

아마 독자들도 '만 시간의 법칙'이라는 이야기를 들어 보았을 것이다. 두뇌과학에서도 만 시간이 필요하다고 말한다. 운동선수들이 김연아 선수처럼 세계적인 기량을 갖추는 나이가 대략 17~18세라고 한다. 운동선수들이 하루 4시간 정도 집중훈련을 한다고 했을 때, 만 시간이 되려면 대략 10년이 걸린다. 따라서 세계적인 운동선수를 만들려면 몇 세부터 운동을 시켜야 하겠는가? 만 시간의 법칙에 따르면 7~8세다.

1998년 7월 7일 오전. 박세리 선수는 LPGA 메이저 대회인 US오픈에서 태국의 추아시리폰과 연장 접전을 펼치다가 연못 경사진 면에 공이 빠지는 위기를 맞았다. 현장에서 이를 지켜 본 전문가들과 수많은 갤러리들이 이구동성으로 추아시리폰의 승리를 기정사실화 하고 있었다. 이때, 박세리 선수가 양말을 벗고 물속으로 걸어 들어갔다. 그 당시 TV화면에 비추어진 박세리 선수의 발은 마치 흰 양말을 신은 것처럼 까만 다리 부분과 대조를 이루었다. 박세리 선수가 처한 상황은 당시 우리나라가 처했던 경제위기와 다를 바 없었다. 박세리 선수는 그 위기의 순간에 멋진 샷을 날렸고, 결국 극적인 역전으로 우승을 차지했다. US오픈 최연소 우승 기록이었다.

그 후, 10여 년의 세월이 흘렀다. 박세리 선수가 극적으로 우승을 하는 모습을 TV로 지켜본 꿈나무들이 지금의 LPGA를 주름잡고 있다. 현실에서도 만 시간의 법칙이 입증된 것이다.

"평범한 노력은 노력이 아니다."

누가 한 말일까? 지난 2003년, 이승엽 선수가 한 시즌 동안 홈런 56개를 기록하며 아시아 신기록을 달성했다. 그 기록을 달성하기 몇 해 전, 이승엽 선수는 아시아 신기록에 단 하나가 부족한 54개의 홈런을 기록했었다. 그 당시 인터뷰에서 이승엽 선수가 한 말이다. 당시 이승엽 선수의 나이는 스물 셋이었다. 그러나 이 말은 스물셋 청년이 할 수 있는 말이 아니다. 산전수전을 겪어보지 않은 사람이라면 절대 그런 말을 할 수 없다. 어렸을 때부터 얼마나 뼈를 깎는 노력을 했으면 그 나이에 그런 말을 할 수 있을까?

몰입해서 지겨울 정도로 반복훈련을 하지 않으면 절대 의식 & 숙련단계로 들어설 수 없다. 어떻게 프레젠테이션 교육 한 번 받고 현업에 적용할 수 있겠는가? 피와 땀을 흘리지 않고 이룰 수 있는 것은 아무것도 없음을 명심해야 한다.

마지막 네 번째 단계는 무의식 & 숙련단계다. 이 단계는 프레젠테이션 스킬에 대해 더 이상 의식하지 않는 상태를 말한다. 아침에 일어나 이를 닦고 세수를 하는 것처럼 프레젠테이션 스킬이 완전히 몸에 밴 상태를 말한다. 이 단계에 이르면 프레젠테이션 스킬을 익히려고 노력할 필요가 없다. 이미 프레젠테이션의 대가가 되어 있기 때문이다.

부대장님의 훈련방식은 옳았다. 총검술 17개 동작은 만에 하나라도 백병전이 벌어졌을 때, 정확하게 적을 살상하고 내가 살아남을 수 있는 기본동작이었다. 백병전이 벌어지면 무의식적으로 막고 차고 돌려 쳐야 내가 살 수 있다. 몸에 완벽히 배지 않고서는 무의식적으로 그 동작이 나올 수 없다.

프레젠테이션 스킬도 총검술과 다를 바 없다. 완전히 몰입해서 지겨울 정도로 반복 훈련하여 미엘린 층을 두껍게 쌓아올리자. 그렇게 하면 누구나 프레젠테이션의 대가가 될 수 있다.

독자들도 이제 프레젠테이션의 대가로 가는 여정을 시작했으면 좋겠다. 이 책이 좋은 안내서가 될 것이다. 스티브 잡스라서 프레젠테이션을 잘 하는 것이 아니다. 스티브 잡스도 공부하고 끊임없이 연구했기 때문에 프레젠테이션의 전설이 될 수 있었다. 박세리 선수와 박찬호 선수는 경제위기를 겪고 있던 국민들에게 희망과 즐거움을 선사했다. 이제 당시 꿈나무들이 성장해서 미래의 전설이 되어가고 있다. 독자들도 이 책의 내용을 토대로 끊임없이 연습하고 실전 경험을 쌓는다면 언젠가 반드시 프레젠테이션의 전설이 될 것이다.

전설은 또 다른 전설을 만든다.

프레젠테이션의 대가 길영로 소장이 전하는 실전 테크닉

떨지 마라 떨리게 하라

초 판 1쇄 발행 2014년 1월 10일
　　　 3쇄 발행 2015년 8월 10일

지은이 길영로
펴낸이 박경수
펴낸곳 페가수스

등록번호 제2011-000050호
등록일자 2008년 1월 17일
주　　소 서울시 노원구 화랑로 421 한일휴니스빌 1606호
전　　화 070-8774-7933
팩　　스 02-6442-7933
이 메 일 editor@pegasusbooks.co.kr

ISBN 978-89-94651-06-4 13320